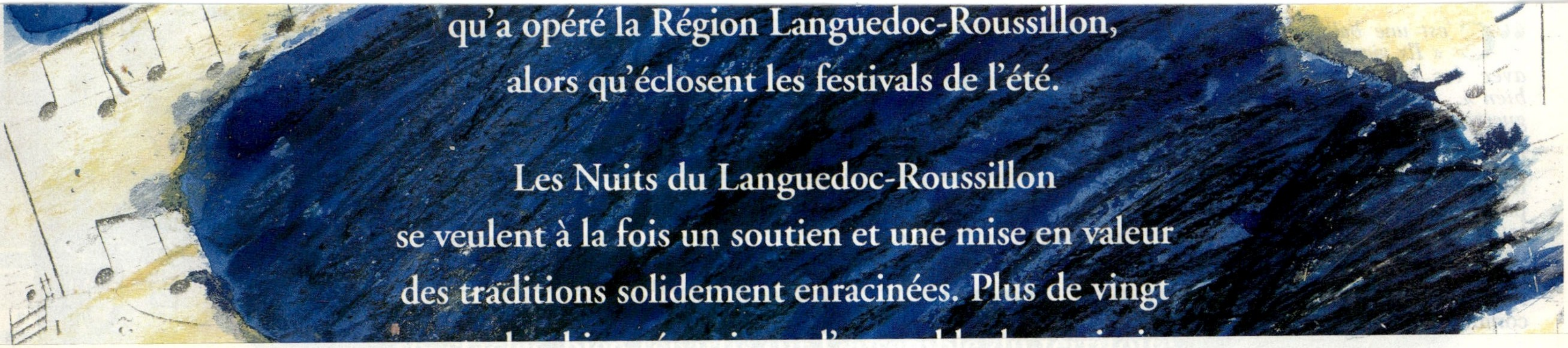

qu'a opéré la Région Languedoc-Roussillon,
alors qu'éclosent les festivals de l'été.

Les Nuits du Languedoc-Roussillon
se veulent à la fois un soutien et une mise en valeur
des traditions solidement enracinées. Plus de vingt

ne sont pas à plus de deux heures et demie de Monaco et de Nice pour les Milanais, une heure et demie si l'on vient de Gênes ou de Turin. »

lires. De plus en plus les prix et la désignation de la marchandise sont portés sur des étiquettes, panneaux ou menus bilingues, dont la deuxième langue

mais cela ne veut pas dire que l'on passera le week-end à l'économie. On sort pour faire la fête et rompre les conventions de la semaine. « *La Côte d'Azur les*

liens viennent ici pour louer des grands bateaux car chez eux il n'en existe pratiquement pas à louer. En ce qui concerne

Faire route

Identifier les feux

Manœuvrer en sécurité

Organiser les quarts

Vivre une nuit en mer

les GLENANS

PRÉFACE

Dès la plus haute Antiquité, les marins ont éprouvé le besoin d'utiliser des repères naturels le long des côtes pour se diriger. Très vite, le commerce entre cités maritimes se développant, l'édification de repères artificiels s'imposa, notamment pour permettre la navigation de nuit. C'est ainsi que la longue et passionnante histoire de la signalisation maritime a commencé et s'est écrite ensuite, au fil des siècles, rythmée par les grandes découvertes scientifiques. Quelles en furent les grandes étapes ? Bien avant le début de notre ère, des progrès significatifs étaient déjà accomplis, allant des simples feux de branchage allumés sur les promontoires côtiers au phare mythique d'Alexandrie, sur l'Île de Pharos (à l'origine de l'appellation générique de tous ceux qui furent construits depuis).

Il fallut cependant attendre le passage du XVIIIe au XIXe siècle pour que deux avancées technologiques fondamentales concernant les appareillages optiques permettent aux phares d'assurer pleinement et efficacement leur fonction d'aide au navigateur. On les doit à deux ingénieurs français, les plus connus parmi le nombre important de ceux qui contribuèrent, pas à pas, à faire de la signalisation maritime française l'une des plus performantes au monde.

Ce fut d'abord Borda équipant en 1786 le phare de Dieppe de réflecteurs paraboliques tournants rendant l'éclat de lumière facilement identifiable. Ce fut ensuite, vingt-cinq ans plus tard,

Fresnel installant au phare de Cordouan le système de lentilles qu'il avait mis au point et dont la vertu était de renforcer la portée de l'éclat.

Parallèlement, les performances des phares s'amélioraient avec l'évolution des dispositifs productifs de lumière. On aurait pu croire que la généralisation de l'électricité, effective dans les phares au milieu de ce siècle, parachèverait ces avancées techniques, qu'elle serait l'aboutissement, s'agissant des sources d'énergie, d'une évolution graduelle, partant du mélange de bois, de poix et de goudron, en passant successivement par le blanc de baleine, l'huile de colza, puis les huiles minérales et enfin le gaz. C'était sans compter avec l'avènement de l'ère de l'électronique et de l'informatique qui, à l'unisson de l'envahissement de notre quotidien, permettait, au cours des vingt dernières années, d'ajouter une nouvelle pierre à cette longue histoire. C'est ainsi que l'administration responsable en ce domaine, communément appelée « Service des phares et balises », qui fait partie aujourd'hui du secrétariat d'État à la Mer, a mis en œuvre, à la fin des années 60, l'automatisation des phares et des feux et, plus récemment, a entrepris de substituer aux énergies classiques les énergies renouvelables que sont le vent et le solaire.

Pour avoir une idée complète de ce qu'est aujourd'hui la signalisation maritime, il faut préciser que, parallèlement à cette évolution technique, le réseau des phares et des balises s'était progressivement densifié au fur et à mesure que se développait la navigation, que se multipliaient les ports et que les exigences légitimes d'une plus grande sécurité pour les navires et plus récemment, pour l'environnement, s'imposaient aux pouvoirs publics comme une priorité. C'est ainsi que l'on dénombre le long de nos côtes, en métropole et outre-mer, près de 6 000 établissements, dont un peu plus de 2 000 sont actifs, feux et bouées, soit lumineux dans leur quasi-totalité, soit sonores pour quelques-uns d'entre-eux seulement. Phares, feux, amers, balises, tourelles, bouées... Tous ont un rôle précis à jouer. Sentinelles de la mer, ils sont le maillon indispensable au jalonnement des routes maritimes, que ce soit celles qui croisent au large ou accèdent à nos grands ports, ou celles plus locales, à l'usage des pêcheurs et de plaisanciers, déjouant les pièges, récifs et bancs de sable, qui émaillent nos côtes. Il ne faudrait pas enfin oublier le rôle des hommes : tous ces techniciens, électroniciens, gardiens de phares, marins des baliseurs et des vedettes de relève, tous garants de l'efficacité et de la pérennité de ce service, au prix d'efforts et de courage, à la mesure de l'hostilité du milieu marin qui est leur quotidien. Certes, l'image du gardien de phare, naufragé volontaire sur des récifs de légende, va bientôt rejoindre l'album des métiers du passé. De nombreux phares ont été automatisés, tels ceux d'Ar-men et de la Jument au large des côtes du Finistère. D'autres suivront.

Toute nostalgie écartée, on ne peut que s'en réjouir. Les progrès techniques que l'on vient d'évoquer ont permis ainsi d'adoucir les conditions de vie et de travail en même temps qu'ils amélioraient la fiabilité de l'aide apportée aux navigateurs. Les tâches des gardiens de phare s'en sont trouvées changées. Ils sont devenus de véritables techniciens dans des domaines de pointe, mais l'image de dévouement au service des marins qui leur est attachée demeure intacte.

YVON ROZE
Chargé du bureau des phares et balises
Secrétariat d'État à la Mer

La navigation de nuit ne doit pas être un domaine tabou. Elle réserve aussi de grandes joies. Certes, elle suppose la connaissance d'une technique, mais celle-ci n'est guère plus difficile que celle de la navigation de jour. De nuit, se situer par relèvements est beaucoup plus facile. Les phares sont visibles de loin et identifiables avec beaucoup plus de certitude. En outre, celui qui se croit voué à ne naviguer que de jour court le risque, au hasard de ses croisières, de se trouver encalminé par une panne de vent, lâché par son moteur, repoussé loin du port par un courant contraire. Il voit alors le soleil se coucher, la nuit s'obscurcir. La longue traînée des phares, la lueur des villes, les petites lumières des chenaux, le va-et-vient des bateaux de pêche qui courent derrière leurs feux de route sont autant d'énigmes dont il faut percer le secret. Au lieu d'être navigateur de nuit par force mieux vaut se risquer volontairement. Cela permet, pour la première sortie, de s'entraîner dans une zone familière en prolongeant par exemple une promenade de la journée. Cette navigation s'avérera bien vite facile, on y prendra goût.

Renoncer à naviguer de nuit, c'est se priver des grandes traversées, des longues étapes faciles qui rythment la croisière et qui permettent d'agrandir le rayon d'exploration que l'on s'était fixé. Mais la justification d'une navigation de nuit, c'est aussi le plaisir de sentir la coque glisser dans l'obscurité, l'étrave écarter une vague éblouissante ; c'est se laisser bercer au rythme d'une houle invisible ; nouer une muette complicité avec l'équipier qui partage le quart, découvrir les étoiles et leurs constellations : pas seulement la Grande Ourse, mais toutes les autres auxquelles sont toujours attachées de merveilleuses légendes de la mythologie ; c'est l'incroyable féerie du Soleil qui se couche sur la mer ou qui se lève sur la Terre (depuis combien de temps n'avez-vous pas assisté à un tel spectacle ?). C'est l'impression étrange du temps qui s'arrête, de se sentir flotter à la limite du rêve, de parler infiniment ou de se taire beaucoup, interrompu de temps à autre, par une giclée d'eau tiède jaillie d'une lame solitaire.

Encore faut-il, pour que le plaisir soit total, qu'il ne soit pas entaché par la nervosité ou l'anxiété de celui qui ne domine pas tout à fait la situation. La nuit a ses règles et ses contraintes. Il est prudent de les connaître. Nous évoquerons la préparation du bateau et de l'équipage, l'organisation du bord, les consignes de sécurité, et les techniques particulières de navigation et de manœuvres.

les GLÉNANS

C H A P I T R E

1

Les phénomènes de la nuit en mer

L'homme civilisé a perdu l'habitude du noir et de la nuit. Naviguer lui donne l'occasion de redécouvrir cet univers particulier et peu familier.

Première constatation : la nuit n'est pas si noire qu'on veut bien le dire. En tout cas il s'apercevra que sa vision possède d'étonnantes aptitudes pour s'en accommoder et que la lampe qu'il pensait lui servir de guide et de tranquillisant a surtout bien des inconvénients. Seconde constatation : il n'est pas seul. L'activité maritime ne s'arrête pas avec le coucher du soleil. Pêcheurs, caboteurs, cargos continuent leur travail car la nuit leur est souvent propice. En levant les yeux il appréhendera aussi le merveilleux domaine des étoiles (le chapitre 5 lui est entièrement consacré) ; en tendant l'oreille il découvrira tous les bruits qu'il entendait jusqu'ici mais qu'il n'écoutait pas ; en reniflant l'air il s'émerveillera des odeurs qu'il ne soupçonnait pas. Il découvrira aussi, au hasard de ses navigations, que l'eau de mer pétille souvent, que les poissons volent parfois, que les oiseaux perdus prennent les balcons pour des perchoirs, que les goélands n'aiment pas qu'on traverse leur dortoir et que les marsouins sont aussi très bavards... Il constatera en tout cas qu'il n'est pas nécessaire de rêver pour entrer dans cet univers.

Voir la nuit

Il ne s'agit pas ici de faire un cours d'ophtalmologie sur le fonctionnement de la vision humaine mais d'essayer d'en comprendre, le plus simplement possible, les principaux mécanismes et de montrer les différences physiologiques entre la vision diurne et la vision nocturne. Ces données permettent d'expliquer des phénomènes que le navigateur attentif observe souvent et de répondre à ces questions fondamentales et pour le moins métaphysiques :

Pourquoi est-on ébloui par une lumière violente ?

Pourquoi le secteur vert d'un feu se voit mieux que son secteur rouge ?

Pourquoi les hypermétropes sont des équipiers précieux la nuit ?

Répondre à toutes ces questions induit un comportement adapté de la part de l'équipier de quart et évitera bien des erreurs.

Vision nocturne et vision diurne

Il existe chez l'homme deux types de cellules sensorielles visuelles : les **cellules à cônes** et les **cellules à bâtonnets**. Elles sont situées au niveau de la rétine, c'est-à-dire sur la face interne de la paroi postérieure de l'œil. La rétine, fine membrane transparente, est formée par l'épanouissement du nerf optique et par ces cellules sensorielles. Elle est en quelque sorte le film sensible sur lequel s'impressionnent les rayons lumineux. N'utilisant pas les mêmes cellules sensorielles, vision nocturne et vision diurne diffèrent l'une de l'autre.

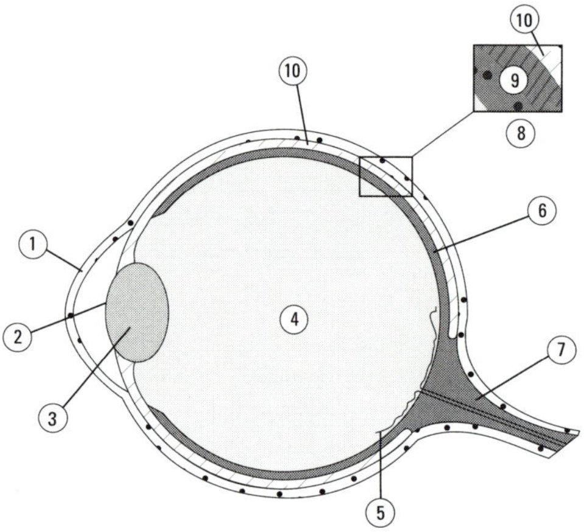

Coupe de l'œil : 1. Cornée ; 2. Pupille ; 3. Cristallin ; 4. Corps vitré ; 5. Macula ; 6. Rétine ; 7. Nerf optique ; 8. Détail de la rétine ; 9. Cônes et bâtonnets ; 10. Choroïde.

La vision diurne ou **vision photopique** utilise les cônes. Ils occupent le centre de la rétine (ou macula) et chacun d'eux est relié à une seule fibre du nerf optique. Ceci explique que les cônes aient un seuil de perception élevé et qu'ils soient facilement excités par la lumière du jour. En outre, leur résolution spatiale est grande, ce qui permet la vision des détails.

La vision nocturne, au contraire, utilise les bâtonnets. Ceux-ci sont vingt fois plus nombreux que les cônes et leur densité augmente vers la périphérie de la rétine. Ils sont reliés par groupe de 4 ou 5 à une seule fibre du nerf optique. Les bâtonnets ont un seuil d'excitation plus bas (convergence de plusieurs bâtonnets sur une seule cellule nerveuse) et permettent la vision crépusculaire. Malheureusement leur faible résolution spatiale diminue l'acuité visuelle (de nuit elle ne dépasse pas 1/10). On parle de vision nocturne ou **vision scotopique** dès que la clarté tombe en dessous de 6 nits[1]. Ce moment correspond au crépuscule, quand il ne fait déjà plus jour mais pas encore tout à fait nuit, que l'expression populaire « entre chiens et loups » résume parfaitement.

Lorsque la rétine est maintenue dans l'obscurité, elle est colorée en rouge. On observe qu'elle se décolore à la lumière. Ce changement est dû aux propriétés d'une substance spéciale, le pourpre rétinien ou **rhodopsine**, concentrée au bout des bâtonnets. Cette substance contient un pigment, le rétinal aldéhyde de la vitamine A. En se transformant sous l'action de la lumière, le pourpre rétinien libère de l'éner-

1. Unité de luminance, égale à 1 candela par mètre carré de surface apparente.

gie qui entraîne un influx au niveau des fibres optiques. On comprend alors le rôle de la vitamine A dans la navigation de nuit mais il n'est pas nécessaire d'imposer un régime particulier à l'équipage car une alimentation normalement équilibrée en apporte des doses suffisantes et les excès risquent d'entraîner des troubles neuro-psychiques.

L'éblouissement

Si, comme nous venons de le voir, la vision nocturne permet de percevoir des sources lumineuses extrêmement faibles qui seraient invisibles de jour, elle nécessite, avant d'être pleinement efficace, un certain temps d'adaptation. Ce passage d'un mode de vision à l'autre s'opère en trois quarts d'heure environ. Il s'accompagne de troubles visuels bien connus. Ainsi, lorsque après un séjour en lumière vive, on pénètre dans une pièce obscure, on est d'abord « aveuglé » (le noir paraît très intense) puis, progressivement, certains objets apparaissent avec des contours de plus en plus précis et l'on perçoit des sources de lumières de plus en plus faibles. Si les bâtonnets s'adaptent lentement, ils sont en revanche très sensibles à des lumières très faibles.

Mais cette aptitude qui caractérise la vision nocturne est précaire et un éclairement, même modéré, la diminue fortement et, s'il est violent, la supprime totalement : c'est le problème de l'éblouissement. De plus, accompagné d'une sensation pénible, l'éblouissement supprime, pendant quelques instants, toute faculté d'attention et toute précision dans les réflexes. Après un éblouissement, même modéré (une allumette suffit), toute l'adaptation de la rétine à la vision nocturne est à recommencer. Il faudra donc attendre de nouveau trois quarts d'heure pour retrouver la meilleure sensibilité visuelle. On comprend donc aisément pourquoi il faut **éviter les lumières violentes sur le pont** (projecteurs, lampes frontales...), elles perturbent complètement la sensibilité de l'œil.

Le sens chromatique en vision nocturne

« La nuit tous les chats sont gris », proclame le bon sens populaire. S'il est vrai qu'une faible intensité de lumière donne une sensation de vision incolore, il y a lieu de moduler cette affirmation car les couleurs ne s'estompent pas de la même façon lorsque la luminosité diminue. Ceci est dû au pouvoir de radiation du spectre lumineux qui diffère d'une couleur à l'autre en fonction des longueurs d'onde.

La première longueur d'onde perçue par l'œil est celle qui correspond au bleu. Le vert exige une luminosité plus forte, ou un temps d'adaptation plus long pour être correctement vu. Le rouge apparaît en dernier et n'est perçu qu'à une brillance élevée. En fait il n'est capté que par les cônes.

Sur le plan pratique, il en résulte plusieurs conséquences.

■ Les secteurs verts des phares se voient mieux que les secteurs rouges.

■ Pour être vu aussi nettement qu'un feu vert ou jaune, un feu rouge doit être plus puissant ou plus proche.

■ En lumière de faible intensité, l'œil étant plus sensible au bleu qu'au rouge, tout éclairement apparaîtra plus bleu qu'il ne l'est en réalité, et réciproquement, en lumière vive le rouge semble toujours plus éclatant que le bleu.

■ À la table à cartes, une lampe rouge, même de forte intensité, est toujours préférable aux autres solutions. En effet, seuls les cônes sont stimulés par cette longueur d'onde. Les bâtonnets ne sont donc pas désadaptés par un éventuel éblouissement et la vision nocturne du navigateur garde toute sa sensibilité.

Les faiblesses de la vision nocturne

La zone aveugle

L'existence d'une zone aveugle centrée dans le champ visuel (elle correspond à la zone des cônes non utilisés la nuit) constitue la principale faiblesse de la vision nocturne.

La dimension de cette zone aveugle varie selon les individus entre 1° et 5° (en moyenne 2° 30') autour du point de fixation du regard. Les limites périphériques du champ visuel sont au contraire bien conservées même pour les luminances basses[1].

En pratique la meilleure acuité visuelle de nuit est obtenue dans une région située légèrement à côté du point de fixation du regard.

C'est pourquoi, pour observer les étoiles peu lumineuses, le célèbre astronome François Arago conseillait la fixation **para-centrale**, c'est-à-dire d'avoir l'axe du regard légèrement décalé par rapport à l'objectif.

La presbytie nocturne

Lorsque le regard accommode, pour détailler un objet de près par exemple, le cristallin (la lentille de l'œil) modifie sa forme pour que l'image se projette nettement sur la rétine.

C'est un réflexe dont le point de départ est la macula, c'est-à-dire l'endroit où sont situés les cônes. Mais, comme nous l'avons déjà dit, les cônes ne servent pas à la vision nocturne ; il y a donc une diminution de l'accommodation de la vision aux courtes distances, c'est-à-dire une presbytie. Elle entraîne une fatigue de l'œil et une vision floue pour les objets rapprochés.

La myopie nocturne

Elle est de 1 à 2 dioptries et elle est liée à plusieurs mécanismes :

■ Normalement, les ondes lumineuses qui frappent la rétine n'ont pas été déviées par le système optique de l'œil. Ainsi le jaune

1. La luminance, ou brillance, est le quotient de l'intensité lumineuse d'une surface par l'aire apparente de cette surface pour un observateur lointain. Elle permet d'apprécier l'éclat d'un objet.

frappe les cellules sensorielles dans l'axe de la source lumineuse. Quant au bleu, auquel l'œil est plus sensible la nuit, sa longueur d'onde se réfracte en avant de la rétine (myopie physiologique pour le bleu). Cette aberration chromatique entraîne une myopie de 0,5 dioptrie. Concrètement, cela veut dire que de loin on verra les feux jaunes bien nets, les feux bleus ou verts légèrement flous.

■ La nuit, la pupille, c'est-à-dire le diaphragme de l'œil, se dilate (c'est la mydriase). On se retrouve avec une lentille convergente (le cristallin) éclairée par un large faisceau de rayons lumineux. Cela entraîne des aberrations de sphéricité qui provoquent également une myopie de 0,5 dioptrie. Au contraire le fait de plisser les paupières diaphragme la lumière et corrige les aberrations sphériques.

Les myopes avérés ont donc leur anomalie aggravée par la nuit et un sens lumineux moins bon que la moyenne (il faut une lumière plus forte pour qu'ils la perçoivent la nuit).

Ceux qui ont une vision normale de jour ont donc une myopie de 1 à 1,5 dioptrie la nuit (ils verraient alors mieux avec des lunettes pour myope léger).

Les plus favorisés sont les hypermétropes de 1,5 dioptrie, qui voient leur trouble visuel corrigé par la nuit.

Ajoutons que, pour les uns comme pour les autres, l'utilisation d'une paire de jumelles corrige ces petits troubles. Il faut penser à s'en servir bien plus souvent que de jour.

Nuit et brouillard

Le brouillard diffuse la lumière, principalement dans les courtes longueurs d'onde. Le bleu est donc plus diffusé que le rouge dans un

■

Quelques petits conseils à l'œil

■ Pour identifier un détail fin, mieux vaut ne pas le fixer directement, mais promener le regard à quelques degrés de lui.

■ L'appréciation des couleurs doit être systématiquement mise en doute.

■ Évitez les lumières blanches et utilisez de préférence des lumières rouges ne détruisant pas le pourpre rétinien pour l'éclairage de la table à cartes, du compas et des instruments de bord.

■ Le veilleur doit être relevé par un équipier adapté à l'obscurité depuis au moins un quart d'heure. Pour que la période d'adaptation soit aussi réduite que possible, il peut être bon de créer à l'intérieur du bateau un éclairage indirect, en masquant les sources lumineuses elles-mêmes à l'aide de papier d'aluminium par exemple. L'œil s'habitue très bien à cette lumière douce qui crée par ailleurs l'ambiance propice au repos des uns et à l'activité des autres.

■ Mangez des carottes et des myrtilles. Bien accommodées, elles sont toujours excellentes et leur teneur en vitamine A est exemplaire…

faisceau de lumière blanche. Mais comme par ailleurs il y a absorption de cette lumière bleue diffusée, il n'y a en fait que la lumière rouge qui est transmise (c'est le même principe qui fait rougir le ciel au coucher du soleil). En conséquence, un feu blanc apparaîtra au navigateur légèrement rouge par temps de brume.

Les autres particularités de la nuit en mer

Après avoir vu comment l'œil est capable de nous informer et comment faire pour qu'il reste ce précieux allié, nous allons détailler maintenant les petits phénomènes nés de l'obscurité. La nuit en mer est en effet peuplée de nombreuses chausse-trappes dont certaines, tout à fait irrationnelles, sont le pur fruit de notre imagination.

En dehors de l'émotion qu'éprouve celui qui veille sur le pont alors que tout dort autour de lui, naviguer la nuit conduit nos sens à des expériences nouvelles, inédites, inattendues et passionnantes. Les sons, les odeurs, les silhouettes, discrets ou évocateurs s'entourent de l'épaisseur du mystère. Et il n'y a souvent qu'un petit pas à franchir pour que l'esprit dérape et que des monstres rôdant dans la voilure ou courant sur le sillage cherchent à dévorer le malheureux navigateur.

La phosphorescence de l'eau

Par une belle nuit d'été, il arrive que l'équipier de quart aperçoive devant l'étrave comme des centaines de petits poissons qui semblent nager de conserve avec le bateau. Bien entendu il ne s'agit ni d'un banc d'alevins égarés, ni des reflets d'un dauphin joueur. Ce phénomène est simplement dû à la phosphorescence de l'eau qui donne à la mer l'illusion de pétiller et au barreur l'ivresse de naviguer dans du champagne dès qu'une vague plus forte que les autres, une fringante moustache d'étrave ou un sillage tumultueux viennent troubler sa surface.

Ce phénomène s'explique par la présence d'algues microscopiques en suspension dans l'eau : c'est le **phytoplancton** (de *phutéia* : plante et *planaô* : errer) dont la plus forte concentration se rencontre dans les 40 à 80 premiers mètres de profondeur. Il est constitué d'une multitude d'espèces qui se multiplient et croisent régulièrement. Parmi elles, les noctiluques (*noctilucus*, algue unicellulaire flagellée de la famille des dinoflagellés) possèdent des chromatophores (*chroma* : couleur et *phérô* : porter) et sont douées de phosphorescence. L'enzyme qui permet la réalisation de la réaction biochimique correspondante est la luciférase, que possèdent aussi les lucioles et quelques bactéries comme *photobacterium* et *vibrio fischeri*.

L'activité lumineuse de ces espèces phosphorescentes varie selon la température et la salinité de l'eau, l'apport en lumière diurne, la turbidité et la densité du phytoplancton. C'est au printemps et à l'automne que nos mers froides et tempérées sont les plus riches en plancton et c'est à ces périodes que l'on peut observer le plus souvent ce phénomène.

Alors les vagues d'étrave, le remou d'un aviron de godille, la traînée d'une hélice ou le barbotage d'une main plongée dans l'eau déclencheront le phénomène et chaque point lumineux signera la présence d'une algue phosphorescente.

La propagation des sons et des odeurs

Naviguant près des côtes, le navigateur remarquera souvent que les odeurs lui parviennent plus facilement, apportant les parfums d'une pinède ou d'une garrigue, le fraîchin d'un port de Bretagne ou d'un chalutier en pêche, le relent d'une vasière que la mer découvre. Ce phénomène pourrait laisser croire que l'obscurité favorise la propagation des odeurs. En fait la nuit n'a pas de telles vertus et il faut plutôt chercher des explications d'ordre physiologique et météorologique.

La nuit, nos organes sensoriels sont en éveil, bien plus que le jour. L'odorat et l'ouïe en particulier ont tendance à compenser par un excès de zèle les défaillances de la vue.

Mais, surtout, les conditions météorologiques et en particulier le régime des brises de terre qui soufflent sur le littoral la nuit emportent les odeurs de la côte vers le large. En été ceci est d'autant plus remarquable que la terre surchauffée pendant la journée restitue cette chaleur emmagasinée et libère les odeurs qu'elle renferme.

Il en va de même pour les sons. La nuit, on a souvent l'impression qu'ils parviennent à nos oreilles beaucoup plus facilement. Pourtant, l'air qui les propage n'a pas de qualité particulière, si ce n'est qu'il est plus sec et plus froid. Là aussi notre imagination en alerte a tendance à les amplifier et parfois à les inventer purement et simplement. Les activités humaines s'étant calmées, la vie du bord ayant retrouvé sa sérénité et les conversations s'étant tues, les sons et les bruits deviennent dans cet univers feutré des éléments majeurs auxquels nous prêtons une attention toute particulière.

Le navigateur se doit d'être sensible aux bruits car ils sont souvent des indicateurs, tantôt sonnettes d'alarme, tantôt témoins d'un évident bien-être. Il ne s'agit plus d'entendre, mais d'écouter la nuit. Le feulement de l'air sur les voiles (le bateau est-il bien réglé ?), le chuintement des filets d'eau sur la carène (la vitesse du bateau est-elle toujours aussi bonne ?), le ronronnement d'un diesel qui rentre au port, le tintement d'une bouée à cloche, le meuglement d'une corne de brume (sommes-nous sur la bonne route ?), le crachouillis de la VHF, le sifflement de la bouilloire du quart montant et les ronflements insouciants des équipiers de repos sont autant d'indices qui rassurent ou inquiètent celui qui les perçoit.

CHAPITRE

2

Manœuvrer la nuit

Les manœuvres de réglage ou de réduction des voiles, celles de mouillage, d'entrée ou de sortie de port se compliquent par le simple fait qu'il fait nuit. Et comme elles se compliquent, les risques, en particulier celui de passer par-dessus bord, augmentent considérablement. Comme nous le verrons à la fin de ce chapitre mieux vaut prévoir, en s'imposant des règles qui seront autant de garde-fous.

Nous pensons cependant qu'une manœuvre bien faite, c'est-à-dire précise, rapide, et efficace, est un élément essentiel de la sécurité. Le lecteur découvrira qu'au-delà des règles de sécurité que l'on peut imposer à un équipage (port de la brassière, du harnais...), l'entraînement à la manœuvre reste primordial. Il faut être capable d'exécuter des changements de voilure les yeux fermés, connaître le bateau et son gréement par cœur, n'avoir aucune hésitation sur la façon de faire un nœud ou de tourner une manœuvre sur un taquet...

Et paradoxalement on découvrira que le meilleur moment pour apprendre à naviguer la nuit, c'est le jour !

Les manœuvres courantes

Consignes de prudence

Il importe en effet d'établir des règles et de s'y plier quoi qu'il arrive. Celles que les équipages des bateaux des Glénans s'imposent depuis toujours ont largement fait leurs preuves et n'ont jamais rebuté personne. Les voici :

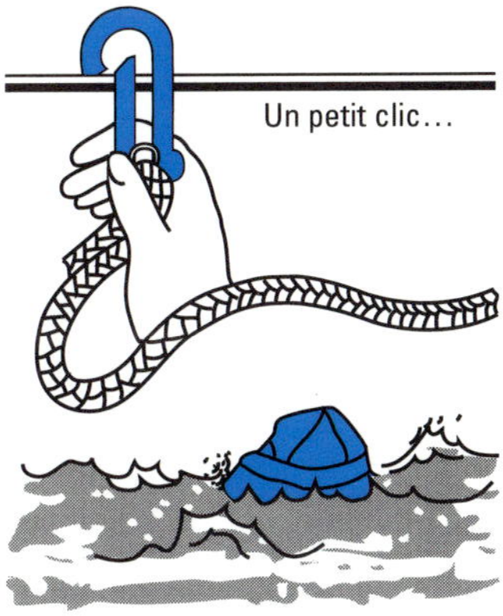

vaut mieux qu'un grand plouf.

- quel que soit le temps, ne jamais sortir sur le pont sans être équipé, c'est-à-dire habillé chaudement, avec brassière et harnais capelés, lampe torche autour du cou ou dans la poche ;
- toujours frapper le mousqueton du harnais sur la ligne de vie dès que l'on est à un poste (barre, veille...) ;

■ ne jamais crocher son mousqueton sur un hauban, sur un piton, sur l'arceau du fût de compas ou sur tout autre endroit non approprié ;

■ éviter d'être seul sur le pont ;

■ prévoir, en plus du barreur, un veilleur attentif à tout et surtout à ce qui se passe sous le foc. Pour les quarts de deux, le navigateur doit assurer ce rôle et ne pas rester cloué à la table à cartes.

Manœuvrer la nuit

Les manœuvres en elles-mêmes ne diffèrent pas de celles que l'on exécute dans la journée. Elles demandent seulement plus de rigueur.

Bien manœuvrer la nuit suppose plusieurs conditions.

■ Le bateau et son armement sont en parfait état.

■ Chaque manœuvre est à sa place. Au pied du mât on doit pouvoir libérer la drisse de grand-voile de son taquet, pour prendre un ris par exemple, sans lumière et sans aucune hésitation. Cela suppose une discipline de tous les instants et de tout l'équipage. À chaque fois, de jour comme de nuit, que l'on hisse et que l'on étarque une voile, on doit tourner sa manœuvre sur le bon taquet, lover correctement le reste de la drisse et vérifier que tout est bien en ordre. Dans le cockpit, les manivelles de cabestan doivent être remises dans leurs logements après chaque utilisation, les écoutes doivent être claires, les manœuvres renvoyées au cockpit (hale-bas, balancine, drisses…) également. Cet art de manœuvrer correctement n'est malheureusement pas inné. Il faut s'y entraîner souvent, de jour et par tous les temps. Un équipage sera au point dès lors que les histoires de foc envoyé à l'envers, d'écoutes mal passées, de drisse autour de l'étai ou des barres de flèche n'auront plus cours à bord.

Nous pensons que cette discipline doit être poussée

très loin : jusqu'au comptage des mousquetons de chaque foc pour ne pas en oublier lorsqu'on les endraille, jusqu'à la façon de tourner une drisse sur un taquet qui doit être immuable, jusqu'à la mémorisation par chaque membre de l'équipage des réglages des points de tire des écoutes des focs…

- Il faut faire correctement les passations d'un quart à l'autre, sans oublier de signaler les initiatives que l'on a pu prendre au cours du quart : mise en place d'une retenue de bôme, amarrage de tel ou tel objet pour éviter le bruit…
- L'on ne doit pas avoir scrupule à appeler à la rescousse le quart dormant ou le chef de bord si la manœuvre envisagée est trop difficile. La nuit, prendre un ris à deux n'a rien d'une prouesse : c'est au contraire une erreur ; parfois grave…
- L'équipage connaît parfaitement ces règles et s'y astreint.
- L'utilisation des lampes torches est proscrite pour éviter d'éblouir, même un peu, les autres équipiers.

Ce n'est qu'à ce prix que l'on pourra limiter les petits cafouillages qui sont toujours à l'origine des gros pépins.

Si le temps est menaçant, il peut être judicieux, avant que la nuit ne tombe complètement, de réduire un peu la voilure en opérant un changement de foc ou en préparant la bosse du ris suivant.

Il faut aussi apprendre à être plus modeste. Ne pas hésiter à réduire la toile dès que le vent forcit, réserver le spi à d'autres moments de la journée et rallier un port ou un abri dès que le temps se gâte et que l'équipage montre les moindres faiblesses pour l'affronter.

Les dangers du petit matin

L'expérience montre que le petit matin est un moment délicat où nombre d'accidents surviennent. La fatigue aidant, le froid (c'est au lever du Soleil que la température est la plus basse), l'espoir que représente la lueur qui point à l'Est, les premières odeurs de café et de pain grillé, font que l'attention de la bordée de quart se relâche. Le barreur se transforme en automate, le veilleur s'affaire à la cuisine, et le navigateur somnole en écoutant les informations à la radio. Bref, toutes les conditions se trouvent réunies pour que les problèmes surgissent sans que l'on puisse y faire face.

Il est arrivé au petit matin d'une belle journée d'été que *Sereine*, bateau école des Glénans, vire en catastrophe dans les câbles de l'unique chalutier de la baie de Douarnenez, simplement parce que c'était le petit matin et que le barreur, seul sur le pont, s'était assoupi en entamant sa troisième heure de quart…

Les pièges des changements de quart

Le changement de quart est également un moment délicat de la navigation de nuit. Si l'on n'y prend pas garde les postes de responsabilité, veille et navigation en particulier, risquent d'être vacants pendant un petit moment.

Le quart descendant, un peu trop pressé de regagner sa couchette, a tendance à expédier un peu vite les opérations de passation (en oubliant parfois de transmettre les consignes et les remarques de la navigation). Le quart montant, au contraire, traîne toujours un peu les pieds pour rejoindre le pont. Les discussions, autour du *p'tit café* pris dans la chaleur du carré, s'éternisent et l'on n'en finit pas d'ajuster son ciré ou sa brassière…

Consciemment ou pas on trouve mille motifs pour retarder le moment où il va falloir, pardonnez-nous l'expression, *aller se les geler sur le pont*. Bref, il règne un flottement au changement de quart pendant lequel ni la navigation, ni la manœuvre, ni la tenue de barre ne sont prises en charge sérieusement. Suivant les équipages ce temps de flottement peut durer une demi-heure, trois quarts d'heure et même une heure. Songez que si le bateau marche à six nœuds il aura parcouru de trois à six milles…

Plus grave, pendant tout ce temps l'équipage est pratiquement inopérant. Avec le quart descendant déjà déshabillé et le quart montant pas encore équipé, personne n'est en mesure de monter rapidement sur le pont pour régler le moindre incident ou aider le barreur resté seul à son poste… On se méfiera en particulier des changements de quart qui interviennent entre minuit et huit heures du matin.

L'homme à la mer

Si nous avons choisi de placer ici ce sujet, c'est qu'il nous semble difficile de l'isoler ou de le limiter aux seules manœuvres de repêchage. Le problème de l'homme à la mer doit être une préoccupation de tous les instants et un souci partagé par tout l'équipage. C'est en cela qu'il fait partie de la vie du bord ou de la vie à bord.

Les manœuvres pour récupérer un homme à la mer, de nuit comme de jour, ne constituent qu'une partie d'un problème plus vaste qu'il paraît souhaitable de traiter d'un seul bloc : moyens de prévention de l'accident et manœuvres de repêchage.

Nous avons voulu montrer la difficulté qu'il peut y avoir à passer de la théorie à la pratique et mettre en évidence la nécessité d'une rigueur, d'un entraînement intensif, pour parvenir à la maîtrise complète du bateau dont on dispose.

Savoir faire marcher un bateau, c'est bien ; mais être capable de « faire tout ce que l'on veut » avec lui, c'est-à-dire savoir l'arrêter net, le faire tenir en place sous voiles pendant que l'on s'occupe d'autre chose, c'est tout aussi important. Cela permet d'être parfaitement à l'aise dans le courant des jours ; un jour ou une nuit, cela peut permettre de sauver une vie.

Le risque

De tous les risques que l'on prend en allant en mer, le plus fréquent et le plus grave est d'y tomber. Jonas en a gardé un terrible souvenir. Encore a-t-il eu le bonheur de revoir la terre trois jours après ! Aujourd'hui, alors que les baleines se font rares, il est bon d'avoir des idées très claires sur la question.

■ La probabilité de tomber à la mer est permanente, elle est aussi importante par beau temps que par mauvais temps, mais il n'en est pas de même du risque qui y est lié.

■ Par beau temps, la récupération est aisée, sous réserve toutefois d'un entraînement minimal.

■ Par très mauvais temps, les chances de récupérer un homme à la mer deviennent très minces.

■ De nuit, quel que soit le temps, il est impossible de retrouver un naufragé ne pouvant pas montrer de lumière.

■ Aux allures portantes, de jour comme de nuit, l'accident est nettement plus grave qu'au près : on s'écarte très vite du naufragé. Le fait de porter un spi ou un génois tangonné ne simplifie pas les choses.

■ La victime est fréquemment le chef de bord, qui a tendance à ne pas s'amarrer. Et l'équipage n'est pas toujours en mesure de mener correctement à bien, sans directives, l'opération de repêchage.

■ L'accident ne guette pas seulement ceux qui sont sur le pont, mais tout le monde. À bord de l'*Arche,* bateau des Glénans, un équipier a été littéralement extrait de la cabine par une boucle de la grande écoute lors d'un empannage, et s'est retrouvé à l'eau. Un autre, à bord du *Glénan,* sortait juste la tête du capot pour prendre un relèvement ; une rafale a couché le bateau et le navigateur s'est retenu de justesse dans les filières où le coup de gîte l'avait envoyé. Il y a aussi celui qui est en proie au mal de mer et qui sort précipitamment, sans brassière ni harnais…

■ L'accident est par définition inattendu, et très souvent « idiot ». À côté des causes plus ou moins prévisibles, coup de gîte ou paquet de mer, il y a l'imprévu : le bateau qui se dérobe par suite d'un mouvement incohérent ou une brusque variation de vitesse, un faux mouvement, la gaffe ou l'aviron que l'on veut rattraper, le poisson qui échappe, le seau avec lequel on puise de l'eau et qui vous entraîne, etc.

■ L'accident peut aussi bien survenir au mouillage, et être grave : si l'on est mouillé dans un courant, par exemple.

Bref, répétons-le, la chute d'un homme à la mer est un risque permanent, et il n'est pas possible d'inventorier tous les cas où elle peut se produire. Pour cette raison même, il n'y a pas de remède miracle, valable à tout coup. Toujours des circonstances se présenteront où il faudra prendre seul, et vite, une décision ; il importe de le savoir et d'être prêt. Cela dit, il ne faut pas dramatiser, une partie du risque peut être éliminée en prenant un minimum de précautions. Ce chapitre examine d'abord les différentes parades qui permettent d'éviter l'accident. Nous envisagerons ensuite la conduite à tenir si, malgré tout, il survient.

Les parades

Depuis longtemps, l'esprit industrieux des marins s'est efforcé de dresser des barrières face au danger et de trouver point par point une réplique à chacun de ses aspects.

Aujourd'hui, la panoplie est très complète, les sécurités se succèdent en une sorte de chaîne logique :

- le pont du bateau est recouvert d'une matière antidérapante ;
- si le candidat-Jonas y glisse malgré tout, sa semelle vient se bloquer contre un cale-pied, et de la main il peut se retenir à une main courante ;
- s'il rate main courante et cale-pied, balcons et filières lui permettent encore de se rattraper ;
- s'il voltige par-dessus les filières, son harnais, relié par un bout à une ligne de vie, le retient tout contre le flanc du bateau ;
- si la malchance l'accable et que le bout casse (ou, plus fréquemment, s'il ne s'était pas amarré !), sa brassière (s'il la porte) lui permet de flotter ;
- on lui jette le feu flottant, qui entraîne derrière lui le halin. Trop court ? Au bout du halin suit la bouée fer-à-cheval : il pourra peut-être l'atteindre, elle le soutiendra en attendant que l'on revienne ;
- on balise l'emplacement avec une perche IOR pour le retrouver ;
- il a sur lui une lampe étanche, un ballon de baudruche et un sifflet ; sur sa brassière, son capuchon de ciré, son bonnet, sont collées des bandes réfléchissantes : tous moyens qui l'aideront à se faire repérer (c'est un des rares moments de l'existence où la discrétion n'est plus du tout une marque de savoir-vivre) ;
- lorsqu'on l'a repéré, qu'on est revenu sur lui et qu'on le tient, il reste à le remonter à bord : une échelle, la jupe, un palan, l'annexe, tout est bon pour y parvenir ;
- remonté à bord, il est peut-être en piteux état : les « manœuvres » de réchauffement ou de réanimation permettront de le remettre sur pied. Sur un pied qui ne glissera plus, espérons-le.

Le matériel cité au cours de cette énumération sera décrit en détail dans le chapitre 6. Ici, il faut préciser la manière de s'en servir. Mais il convient tout d'abord de remarquer que, dans cette énumération, il y a deux failles : deux parenthèses évoquant, l'une, la possibilité de ne pas être amarré au bateau, et l'autre, de ne pas porter sa brassière. Parmi les maillons de cette chaîne logique, on pourrait qualifier ceux-ci de psychologiques.

En fait, c'est le cœur du problème : si l'on est amarré, on ne craint pas grand-chose ; si l'on n'est pas amarré, cela devient préoccupant ; si l'on ne flotte pas, il faut s'attendre à tout...

Quand doit-on s'amarrer et porter sa brassière ?
Comment savoir au juste dans quel cas, à partir de quel moment l'amarrage devient une précaution salutaire ? On a cité plus haut un certain nombre de circonstances dans lesquelles s'amarrer semble impératif. Mais, de façon plus générale, disons que c'est avant tout une affaire de jugement de la part du chef de bord. La question que celui-ci doit avoir constamment à l'esprit est d'ailleurs toute simple : « Si, en ce moment, quelqu'un tombe à l'eau, pourra-t-on facilement le rattraper ? »

Si oui, tant mieux. Sinon, il faut capeler sa brassière et s'amarrer.

Et lorsque l'équipage est peu expérimenté, ou lorsque le bateau est encore mal connu, cette interrogation du chef de bord doit être assortie d'une question subsidiaire : « Si moi je tombe à l'eau, en ce moment, ces empotés seront-ils capables de me repêcher ? » Si non, il s'amarre, même lorsque le temps est clément et la visibilité excellente.

C'est clair : **ce n'est pas l'aggravation du risque qui déclenche un supplément de précautions, mais la difficulté grandissante à récupérer le candidat-Jonas.**

Et de cet exposé découle une règle essentielle qui ne souffre aucune exception :

De nuit le port de la brassière et du harnais est obligatoire.

Les manœuvres

Jonas est passé par-dessus bord ; malgré ce que l'on vient de dire, il n'était pas amarré ; sa vie dépend maintenant des réflexes et de la compétence de l'équipage.

Comme les parades, les manœuvres sont multiples, elles ont le même caractère obstiné. Il n'y a pas *une* bonne manœuvre, hors de laquelle point de salut, mais tout un enchaînement de possibilités. Si la première manœuvre rate, immédiatement commence une deuxième, qui s'est d'ailleurs préparée alors que se déroulait la première ; puis une autre encore ; au besoin, on recommence tout. Et il n'y a pas vraiment de règle générale : les manières de faire, ici proposées, se sont révélées efficaces, mais la recherche dans ce domaine n'est jamais close. Tout peut également varier selon les circonstances, l'équipage, le bateau. Ce qu'il faut, en tout cas, c'est qu'une ligne de conduite existe, qu'elle soit connue de tous, qu'elle ait fait l'objet d'un entraînement minutieux, que tout soit prévu dans la mesure du prévisible, y compris le remplacement du chef de bord si c'est lui qui est tombé à l'eau.

Les premières secondes

Les premières secondes sont capitales. Il faut immédiatement, et autant que possible simultanément :

1° crier « Un homme à la mer ! » pour alerter tout l'équipage ;

2° tenter de rétablir le lien avec Jonas en lui lançant le feu flottant, derrière lequel file le halin ;

3° baliser l'emplacement avec la perche IOR ;

4° arrêter le bateau pour rester le plus près possible de lui.

Les trois premiers actes sont faciles ; ils doivent être de véritables réflexes. Arrêter le bateau n'est pas toujours aussi simple.

Envisageons divers cas

■ Le bateau navigue sous voilure normale. Quelle que soit l'allure suivie, le barreur met en panne en virant immédiatement sans toucher aux écoutes. Le bateau s'arrête : on peut réfléchir à la suite.

■ Le bateau navigue sous voilure « non manœuvrante » : spi ou génois tangonné. Il faut parvenir au même résultat. Le barreur lofe en larguant complètement le bras de spi (il se vérifie ici combien il est important de ne pas faire de nœud en huit à l'extrémité des bras ; au besoin d'ailleurs, il faut tout larguer, bras, écoute et drisse, on se débarrasse du spi).

Sous génois tangonné, le barreur lofe également, jusqu'à ce que le génois masque. Il faut évidemment avoir fait des essais, pour savoir comment le bateau se comporte à ce moment-là.

■ On est en train de faire des manœuvres de voile (prendre un ris, changer de foc, hisser ou affaler le spi, virer lof pour lof : c'est souvent au cours de ces manœuvres que Jonas tombe à l'eau). Il y a du monde sur le pont, donc il est possible d'agir vite, et les circonstances dictent la décision à prendre.

Dans beaucoup de cas, le bateau arrêté, Jonas peut attraper le feu flottant en nageant au besoin 10 ou 20 mètres. Il passe sa main dans la dragonne du halin ou, mieux, y croche son mousqueton, puis à bord on fait 2 tours morts et 2 demi-clés avec le halin en double autour du balcon ; quelle que soit la pagaille qui règne à bord avec le spi ou le génois, le lien est solidement rétabli, et c'est l'essentiel.

Le rétablissement du lien avec Jonas dans les premières secondes est possible dans plus de 50 % des cas lorsque l'équipage est entraîné.

Sinon, il faut prendre des décisions pour la suite, suivant que l'on peut ou non s'arrêter.

On peut s'arrêter

On peut s'arrêter avant que tout le halin ne soit à l'eau, mais le feu a été lancé trop tard, il est trop loin de Jonas pour qu'il puisse l'attraper.

La situation est encore bonne, on dispose d'un peu de temps pour appeler du monde sur le pont et remettre le bateau en état de marche.

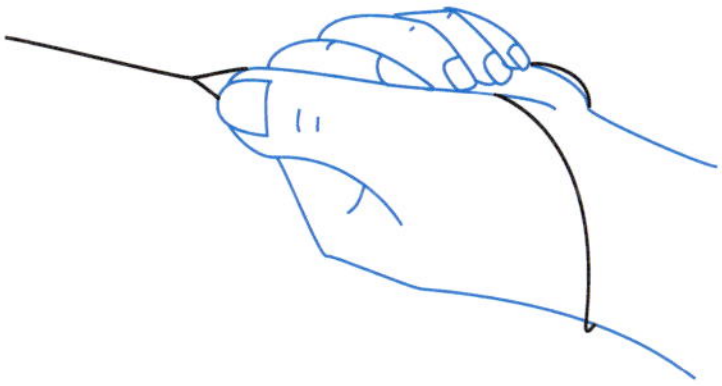

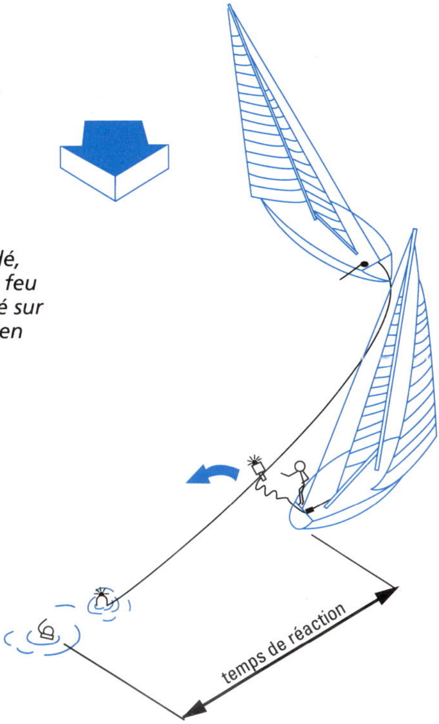

Avec un halin assez long, on s'arrête avant d'avoir tout dévidé, Jonas a le temps de nager jusqu'au feu flottant. Un équipage bien entraîné sur un bateau bien équipé rétablit le lien en quelques dizaines de secondes.

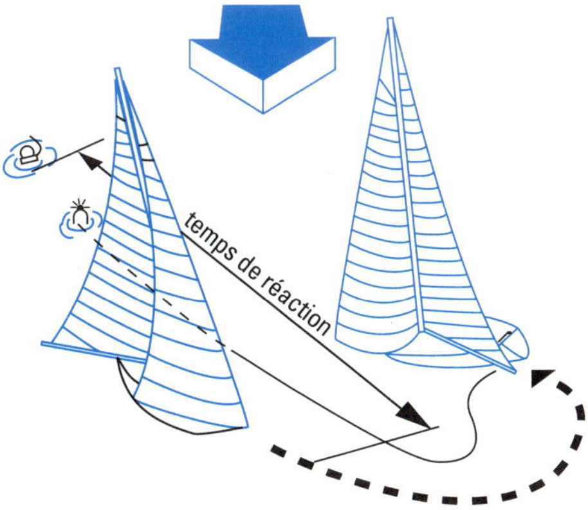

Avec un feu flottant bien installé et facile à lancer, on compense très facilement le terrain parcouru pendant le temps de réaction.

Pour éviter d'être remorqué sous l'eau, il suffit de tenir la main au-dessus de la tête.

En attendant :

■ il y a une chose importante à faire : ne pas perdre Jonas de vue. Si la perche est à l'eau, il n'y a pas de risque immédiat. Sinon, cela mobilise toute l'attention d'une personne qui annonce haut et fort qu'elle s'en occupe ;

■ et il y a une décision urgente à prendre : que faire du halin ? Le laisser sur place ou le récupérer ?

– on le récupère si le temps est clément : le bateau sera vite en ordre de marche. Il sera précieux ultérieurement pour établir le lien.

– on peut aussi le récupérer si la perche IOR est à l'eau, bien visible et proche de Jonas.

■ On le laisse sur place si l'on a un deuxième halin, s'il fait nuit et que le feu de la perche ne marche pas, si les conditions sont dures, si la remise en ordre de marche du bateau risque d'être longue. Il sert alors à baliser l'endroit et peut aussi être un point de rendez-vous avec Jonas. Mais attention, le laisser sur place n'est pas si simple ; comme on a mis en panne en virant de bord, il se trouve sous le vent, et le bateau l'entraîne en dérivant. Il faut le faire filer, généralement à partir de l'avant sous le vent. Quelqu'un note par écrit le relèvement de Jonas par rapport à la bouée, cela sera précieux pour retrouver Jonas.

On ne peut pas s'arrêter

Il faut se rendre à l'évidence : on ne pourra pas s'arrêter avant que tout le halin ne soit à l'eau, le bateau va s'éloigner de Jonas et, très probablement, l'équipage le perdra de vue, surtout s'il n'y a pas de perche, ou si elle ne marche pas. La situation est préoccupante ; si l'on ne prend pas maintenant les bonnes mesures dans le bon ordre, elle deviendra désespérée.

■

Navigation d'urgence

Le livre de bord. Il s'agit de faire un livre de bord très précis sur un temps très court. On note donc dans un coin de la carte, au fur et à mesure et avec le maximum de précision : l'heure de la chute et, à chaque changement de cap, l'heure précise (à 10 secondes près), le cap compas et la vitesse. Cette liste doit être continuée tant que Jonas n'est pas retrouvé.

La navigation proprement dite. À partir d'un point quelconque, en principe au milieu de la carte, on reporte tous les éléments recueillis en cap compas comme si c'étaient des caps vrais et le chemin parcouru selon une échelle simple : un centimètre par nœud et par minute. Cela permettra, quand le bateau sera redevenu manœuvrant, de donner un cap au barreur et de prévoir le moment exact où l'on doit retrouver Jonas.

Navigation électronique. Si l'on dispose d'un navigateur électronique muni de la commande « homme à la mer », on pourra retrouver Jonas à condition de l'avoir déclenchée à temps. Mais, attention ! cela ne dispense pas de la navigation d'urgence, car il serait trop bête de perdre Jonas sur une panne toujours possible du navigateur.

■

Il est possible d'augmenter un peu la distance à laquelle on peut voir un naufragé, surtout s'il porte une brassière ou un habit très visible, en mettant une vigie aux barres de flèche, une vigie qui n'a pas le mal de mer !

Le ruban adhésif rétroréfléchissant (3M) améliore considérablement l'identification des choses dans l'obscurité. Certains cirés ou vestes de quart en sont munis. On peut aussi le faire soi-même pour améliorer sa propre sécurité.

1° *Baliser Jonas,* si ce n'est déjà fait, ne souffre aucun délai. On largue donc la bouée au bout du halin. On note la position de Jonas par rapport au balisage et on commence tout de suite une **navigation d'urgence**.

2° *Commencer une manœuvre* **travers-travers**. Dès que possible, il faut lofer à peu près jusqu'au vent de travers, de façon que l'on puisse, d'une part, mettre le bateau en ordre à cette allure privilégiée et, d'autre part, se placer de telle sorte que le retour sur Jonas se fasse à cette même allure.

3° *Donner l'alerte* dès que la navigation d'urgence est en route et le bateau vent de travers.

Tous les moyens disponibles sont bons : fusées si des bateaux sont en vue, VHF sur canal 16 ou BLU sur 2182 kHz. La situation le justifie largement.

Retrouver Jonas

Dès que possible, on revient vers Jonas à vue, si Jonas ou son balisage sont encore visibles ; sinon, à partir des données de la navigation d'urgence. On n'insistera jamais assez sur l'importance du balisage. Il faut savoir que c'est le fait de ne pas retrouver Jonas qui rend l'issue fatale. En effet, à côté des naufragés qui ont coulé assez vite, bien d'autres ont dû voir le bateau passer et repasser toujours trop loin. La distance à laquelle il y a une chance de voir un homme sans brassière ne dépasse pas 100 mètres (de nuit, seulement s'il est éclairé par sa propre lampe ou celle de la bouée couronne), et pour être sûr de le trouver, il faut passer à moins de 50 mètres. C'est dire la précision avec laquelle il faut mener la navigation d'urgence et l'importance d'un balisage stable laissé sur place au moment de la chute : retrouver le balisage est le **seul** moyen d'être sûr de chercher Jonas au bon endroit.

Si Jonas n'est pas retrouvé tout de suite, on organise un ratissage.

Ratisser

Ratisser une zone consiste à la parcourir de façon systématique en passant au moins deux fois à moins de 50 mètres de chacun de ses points. On peut recommander la méthode suivante : entre deux points situés environ 200 mètres sous le vent et au vent du point de chute estimé, on tire des bords d'une centaine de mètres, soit une minute – virements compris – pour un bateau moyen. Puis, on élargit la recherche de 200 mètres plus sous le vent à 200 mètres plus au vent en tirant des bords de 200 à 300 mètres, soit deux minutes virements compris. On tire les bords un peu moins près du vent pour être sûr de passer à moins de 50 mètres de tous les points de la zone, et ainsi de suite jusqu'à retrouver Jonas. De jour, pour être sûr de faire un bon ratissage, on balise quelques points caractéristiques de la zone avec des objets flottants (défenses essentiellement) munis d'ancres flottantes (seaux, glènes de filin, habits légèrement lestés, etc.). Mais est-ce bien au bon endroit ? Telle est la question lancinante que tout le monde se pose, surtout si le balisage sur place, au moment de la chute, est insuffisant. Pendant que le ratissage s'effectue, un équipier refait toute la navigation d'urgence pour rechercher les erreurs éventuelles. Il faut continuer la recherche tant qu'un espoir demeure de retrouver Jonas vivant.

Si Jonas porte une brassière, à nos latitudes, en Atlantique, il faut poursuivre au moins huit à dix heures.

Et Jonas, dans tout ça ?

Il ne reste pas inactif et, dès qu'il est à l'eau, il met en œuvre tout ce qui peut contribuer à son propre sauvetage.

Il essaie d'abord d'attraper le halin s'il est à portée de main, mais ne s'épuise pas à nager très loin, il doit se préparer à durer. Il doit bien sûr faire un effort plus grand s'il ne porte pas de brassière, car au bout du halin il y a la bouée, dont il a le plus grand besoin.

Sitôt qu'il tient le halin ou qu'il se rend compte qu'il ne pourra pas le saisir, il doit améliorer sa flottabilité, le cas échéant en gonflant sa brassière ou en s'installant dans la bouée. Il faut aussi vérifier et ajuster le harnais.

Puis il réduit sa déperdition de chaleur en bouclant ses vêtements (il garde ses bottes), ralentit son activité au maximum et prend s'il le peut la position HELP.

Position HELP (Heat Escape Lessening Posture), position dans laquelle la déperdition calorique est la plus faible.

Il cherche à se rendre repérable en rabattant le capuchon rouge ou jaune de son ciré sur la tête, en gonflant son ballon de baudruche, en allumant sa lampe s'il fait nuit, en sifflant chaque fois que, du bord, on a des chances de l'entendre et, quand on regarde dans sa direction, il lève un bras (pas les deux, pour garder son nez hors de l'eau). Enfin, il se prépare mentalement à voir passer le bateau à grande vitesse.

Rétablir le lien

Jonas est retrouvé, tout de suite il faut rétablir le lien par une manœuvre facile, rapide et précise. Au vent de travers, on peut aller vite et, avec de la vitesse, on peut être précis. En passant près de Jonas (de 3 à 5 mètres), on lance le feu flottant (de 2 à 3 mètres avant lui pour ne pas risquer de l'assommer), puis on court encore deux ou trois longueurs avant de mettre en panne en virant sans envoyer.

Faut-il passer au vent ou sous le vent ? Peu importe, on passe près. Pourtant on lance plus facilement sous le vent qu'au vent…

Si l'on rate Jonas, on recommence toujours de la même façon, mais en ayant le courage de prendre plus de marge. Pour aller vite, il faut savoir prendre son temps, en particulier pour surmonter l'émotion et l'anxiété inévitablement liées à cette situation.

Si on a laissé le halin sur place et que, par bonheur, Jonas l'a saisi, on drague le halin avec la gaffe à 20 centimètres sous l'eau à l'avant ; dès qu'on le tient, le bateau est arrêté.

S'il n'y a plus de halin à bord, on aura préparé une aussière de 20 ou 30 mètres, munie d'une boucle et d'un petit flotteur qui peut être lancé à Jonas.

Si la recherche a été longue ou que Jonas semble épuisé, et surtout s'il ne porte pas de brassière, et peut-être pas de harnais, il est probablement utile d'aller le chercher. Un équipier chaudement habillé, parfaitement équipé et solidement relié au bateau se jette à l'eau pour saisir Jonas à bras-le-corps pour le soutenir et l'amarrer. Sitôt

1. En passant près de Jonas, on lui lance un feu flottant.
2. On laisse courir deux ou trois longueurs.
3. On vire sans envoyer, c'est-à-dire qu'on laisse le foc à contre.
4. À la cape, (barre inversée), le bateau dérive doucement en direction de Jonas.

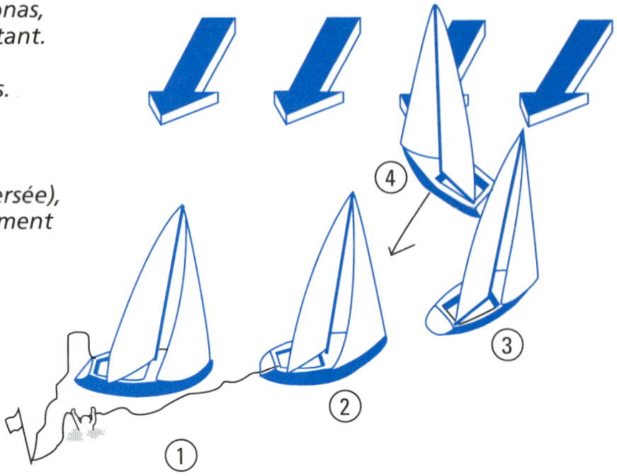

que cela est possible, l'amarrage est doublé : ce n'est pas le moment de prendre le risque de reperdre le naufragé. Les amarrages doivent être souples et sûrs : pour éviter les à-coups, on tient les amarres à la main et, pour qu'ils soient sûrs, on les tourne à un taquet en laissant du mou.

Et le moteur ?

La description de la manœuvre s'est pour l'instant bornée à une manœuvre à la voile ; ce n'est pas la seule solution, le moteur peut être un auxiliaire précieux. Ici, le style importe peu, seul le résultat compte, et il faut bien se souvenir que, de même qu'il faut être en mesure de manœuvrer à la voile en cas de défaillance du moteur, il faut savoir manœuvrer au moteur en cas de défaillance de la voilure.

Sur un voilier, il y a toutes chances d'être sous voile quand Jonas tombe ; la manœuvre commence donc à la voile, et ce n'est que lorsque Jonas aura été balisé, ou le lien rétabli, ou que l'on a commencé la navigation d'urgence et arrêté ou mis le bateau en ordre qu'il peut être envisagé de continuer au moteur.

Pour faire appel au moteur, il faut : qu'il soit assez puissant pour permettre toutes les évolutions par le temps qu'il fait ; que toute la voilure soit affalée et rangée ; que tous les bouts qui pourraient tomber par-dessus bord soient bien rentrés.

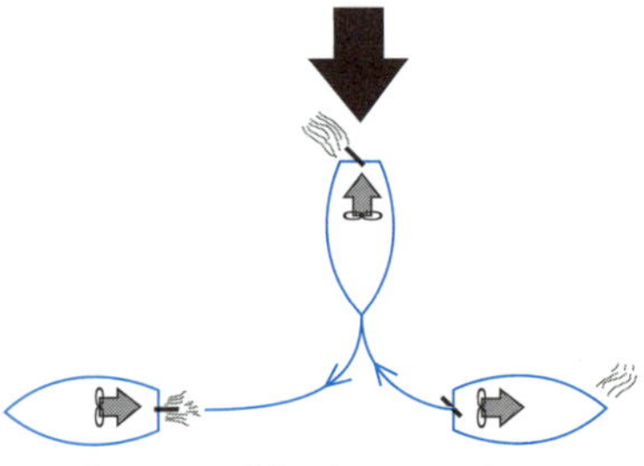

Une bonne méthode pour virer au moteur avec un voilier quand le temps est mauvais

C'est pour éviter le risque de bout dans l'hélice qu'il paraît déconseillé de faire une manœuvre mixte, voile et moteur.

Si toutes ces conditions sont réunies, la manœuvre au moteur a toutes chances d'être plus simple qu'à la voile, mais il reste tout de même des obstacles : le halin, les bouts qui servent à remonter Jonas et, surtout, Jonas lui-même qu'il ne faut pas risquer de blesser...

Si le temps est très mauvais, il peut arriver qu'un voilier ne puisse plus virer de bord vent debout au moteur.

Il faut donc le faire vent arrière et, pour ne pas perdre dans le vent, on bat arrière jusqu'à ce que le bateau soit vent arrière ; ensuite, on lofe aussi vite que possible en battant avant toute, la barre à fond pour lofer.

Monter Jonas à bord

À ce moment, dans quel état se trouve Jonas ? Il le dit lui-même dans la Bible : « Les eaux m'avaient environné jusqu'à la gorge, l'abîme me cernait, l'algue était enroulée autour de ma tête ; j'étais descendu en une région dont les verrous étaient tirés sur moi pour toujours. » Autrement dit, il est très secoué, et ce n'est pas du tout le moment de plaisanter : bien souvent, le plus difficile reste à faire.

Il arrive, bien sûr, qu'il soit encore en pleine forme et que, aidé par quelques hercules, il se retrouve à bord en un clin d'œil. Mais ce n'est pas si fréquent. Réellement, et même par beau temps, en basculant par-dessus bord, Jonas a basculé dans un autre monde : il est parfois comme tétanisé par la peur, en proie à une panique que même l'homme le plus raisonnable ne peut absolument pas maîtriser. Ici, aucun entraînement préalable ne peut suffire à recréer l'ambiance du combat qu'il faut livrer : l'homme fait tout ce qu'il faut pour ne pas pouvoir être remonté facilement ; il se cramponne désespérément au liston et il faut lui taper violemment sur les doigts pour lui faire lâcher prise ; d'autres fois, il relâche brusquement son effort et coulerait à pic s'il n'était pas tenu solidement. À cela s'ajoute son poids : de 75 kilos sec, il est passé à 110 ou 120 kilos et, dans les coups de rappel, l'inertie aidant, il dépasse même les 200 kilos. Si, en plus, il ne porte pas de harnais, il est insaisissable, donc très difficile à monter à bord par gros temps. Comme pour rétablir le lien, il faut connaître des solutions, avoir le matériel adéquat et s'être entraîné.

Amener Jonas au bon endroit

Une fois le lien rétabli, il faut amener Jonas à l'endroit où le hisser à bord sera le plus facile. Sur un monocoque, c'est un peu en arrière du mât et sous le vent. C'est là que le franc-bord est le plus faible et on peut même le réduire en faisant gîter ; on est à l'abri de la mer et, à cause de la dérive, Jonas est bien plaqué à la coque ; il y a deux défauts : y amener Jonas est souvent difficile ; le naufragé est quelquefois tellement bien plaqué à la coque qu'il a tendance à passer dessous. Si le bateau en est muni, on peut aussi remonter Jonas par la jupe. C'est facile de l'y amener, mais si le tangage est important la remontée peut être périlleuse. Sur les multicoques, étant donné

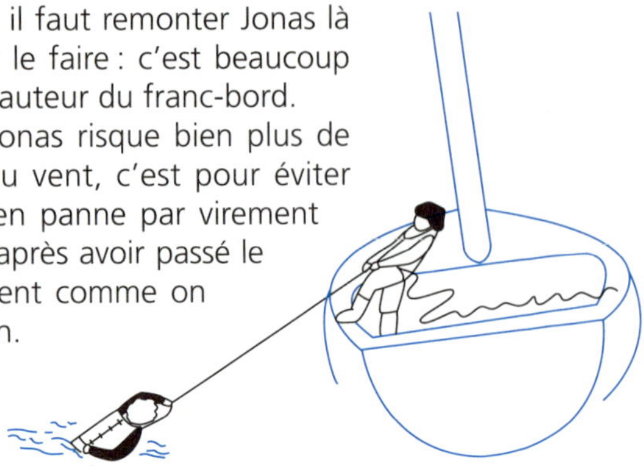

l'étroitesse des coques, il faut remonter Jonas là où on est à l'aise pour le faire : c'est beaucoup plus important que la hauteur du franc-bord.

Malheureusement Jonas risque bien plus de se trouver à l'arrière au vent, c'est pour éviter cela qu'il faut mettre en panne par virement deux à trois longueurs après avoir passé le halin à Jonas, exactement comme on a fait pour rétablir le lien.

Si, à ce moment, on hale Jonas depuis la plage avant, il arrivera tout naturellement au bon endroit. S'il est à l'arrière au vent, on peut le haler en lui faisant faire le tour du bateau par l'arrière s'il est capable de se déborder lui-même ou qu'un aide est à l'eau pour le faire ; on peut aussi virer de bord, on donne alors du mou au halin pendant la manœuvre, mais on ne lâche pas ; c'est bien plus facile au moteur qu'à la voile.

Hisser Jonas

En tout cas, l'expérience prouve que Jonas reste difficilement au bon endroit, il ne faut donc pas tarder à le hisser à bord.

Sur un petit bateau au franc-bord peu élevé, la solution peut être assez simple : le bateau, en panne, gîte déjà un peu, le poids des équipiers qui tiennent Jonas sous le vent accentue cette gîte, le liston est au ras de l'eau ; on a largué ou coupé la filière inférieure ; il n'y a pas à hisser l'homme à proprement parler, il s'agit de crocher dedans et de le rouler à bord comme on ferait d'un sac.

Si le franc-bord est un peu trop élevé pour que l'on puisse agir ainsi, il est possible de sortir l'homme en le saisissant sous les bras,

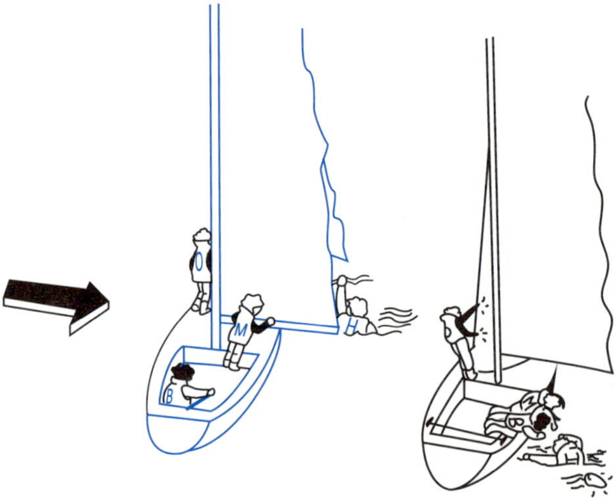

mais à condition d'avoir pu d'abord le placer dos au bateau : ainsi, ses genoux ne viendront pas se bloquer sous la coque. Sur un gros bateau, au franc-bord important, ou sur un multicoque, c'est une autre affaire. La première solution qui vient à l'esprit est celle de l'échelle de bain, ou de coupée. Encore faut-il que cet instrument soit bien adapté : il faut une échelle rigide, solidement fixée à l'arrière du bateau, descendant très profondément dans l'eau (au moins trois échelons).

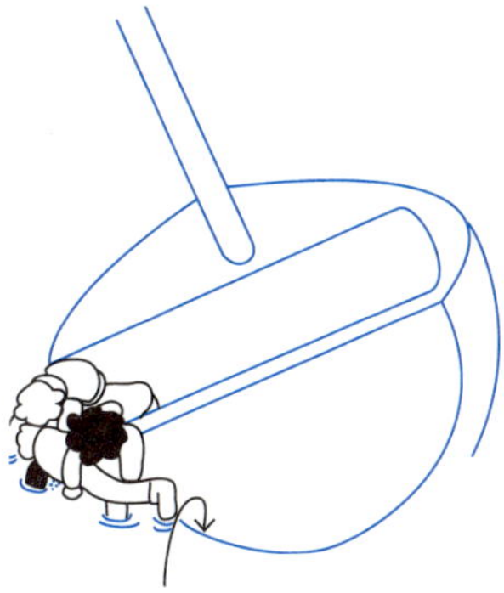

Si Jonas a assez de force pour s'y agripper et monter, c'est gagné, et c'est suffisamment souvent le cas pour que l'échelle se justifie pleinement. Mais si Jonas est trop épuisé pour monter à l'échelle, la situation est fondamentalement différente selon que Jonas porte un harnais ou non, un harnais avec sous-cutale bien sûr.

Avec un harnais, maintenant que son mousqueton est croché à bord, il n'y a plus de risque de le perdre. La prise est bonne, c'est une question de force, et « le palan » bien gréé permet de hisser un colosse sans beaucoup de force.

Sans harnais, la situation reste grave, ce n'est pas gagné du tout. Il est des exemples terribles où, s'efforçant de hisser directement l'homme à bord, on n'est parvenu qu'à le déshabiller, pièce après pièce, et à le perdre au bout du compte.

Suivant les cas, les récits suggèrent d'envoyer un équipier correctement harnaché, d'utiliser l'annexe ou le radeau de sauvetage. Dans ce dernier cas, attention aux bosses d'amarrage du radeau, qui ne sont pas prévues pour cet usage.

En somme

Ce chapitre ne propose que des manœuvres ordinaires ne nécessitant que des matériels simples, fiables et peu onéreux : le halin, la perche IOR et le palan. Ces trois outils ont une place naturelle à bord, et la maîtrise de leur maniement

Le palan

Pour hisser Jonas, un palan est souvent nécessaire. Un bon palan mesure, déployé, au moins 2,50 mètres, plus la hauteur du franc-bord; il a quatre brins, sa poulie supérieure est une poulie coinceuse et il a un nœud en huit à 2 bons mètres de l'extrémité du garant.

Il est utile pour d'autres usages, il peut même être le hale-bas de bôme.

On déploie le palan après l'avoir gréé sur une drisse en maintenant la poulie supérieure près du mât pour prévenir tout déraillement du réa, et l'on dégage le garant du taquet coinceur.

Une fois déployé, le garant est toujours accessible, car le nœud en huit est bien placé. Il suffit de tirer, et Jonas monte.

On ne hisse jamais directement avec une drisse, même si l'on dispose d'un winch, à cause du risque de déraillement du réa.

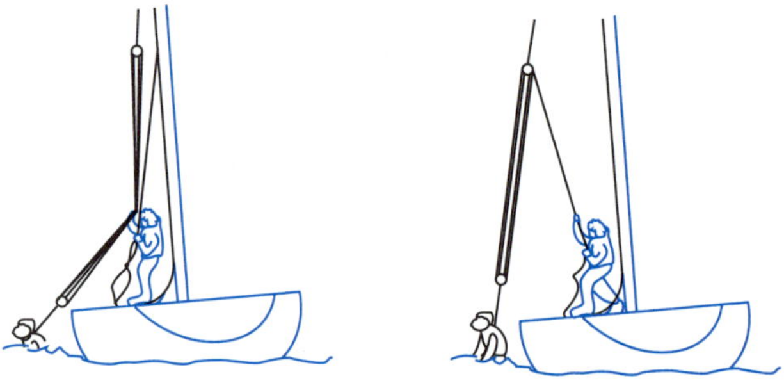

Pour qu'un palan soit immédiatement utilisable, il faut:
– qu'il soit bien monté, avec un nœud en huit bien souqué à une longueur de palan de l'extrémité du garant;
– qu'il soit bien rangé: soit complètement allongé, les brins serrés par du fil à casser tous les 20 centimètres; soit complètement resserré, les deux poulies l'une contre l'autre et la glène lovée par ailleurs.

s'acquiert au cours d'exercices peu fatigants et faciles à intégrer même dans le cours de la plus calme des croisières.

Récupérer un homme à la mer dans un temps maniable, de jour, est une manœuvre simple pour un équipage entraîné. C'est une manœuvre que ce même équipage a toutes chances de réussir même si les conditions sont mauvaises. Mais un Jonas sans harnais, sans brassière, faisant partie d'un équipage non entraîné, n'a aucune chance quel que soit le temps.

On peut bien l'avouer maintenant, quelques-uns d'entre nous sont encore là pour le raconter parce qu'ils ont eu la chance de se tirer très tôt de vrais accidents, d'en avoir aidé quelques autres à se tirer de la patouille et d'être les héritiers d'une forte tradition de sécurité qui se traduit aux Glénans par un taux d'accidents, au millier de milles navigués, extraordinairement bas, mais, hélas ! pas nul.

Si l'on n'a pas été assez clair, répétons-le encore une fois :
JE M'ENTRAÎNE,
J'INCITE LES AUTRES À S'ENTRAÎNER,
NOUS NOUS ENTRAÎNONS.

Exercez-vous

L'homme à la mer. Le but de ces exercices est de faire acquérir aux équipages les réflexes qui peuvent sauver. Ils doivent donc être aussi nombreux que possible, mais ne doivent pas devenir fastidieux.

Récupérer un homme peut se diviser en trois phases :

1. Manœuvrer pour s'approcher de Jonas.
2. Lancer le halin et la perche IOR.
3. Remonter Jonas à bord.

Les exercices peuvent être fractionnés.

1. Le lancer du halin. Il faut, en effet, que les équipiers « apprennent » le parcours pour y arriver vite, puis « apprennent » l'environnement, c'est-à-dire les directions dans lesquelles on lance facilement et difficilement, comment ne pas faire de nœuds entre gréement et halin. Cela s'exerce en route, d'abord sans aucun but, puis en passant près d'un casier. Il est préférable pour cet exercice de ne pas crier : « Un homme à la mer ! », mais simplement et, par surprise : « Jacques, lance le feu sur ce casier ! » Ce n'est que lorsque chaque équipier a lancé le feu trois ou quatre fois qu'il devient intéressant de faire un exercice plus complet.

2. S'approcher de Jonas. Pour cela, il faut un mannequin : n'importe quel flotteur (une brassière par exemple) muni d'une ancre flottante (un seau par exemple) et d'une petite ligne flottante de 4 ou 5 mètres (du fil à halin) se terminant par un bout de bois ou de liège. La manœuvre consistera à placer le halin à moins de 4 ou 5 mètres de Jonas, puis à s'arrêter avant d'être au bout du halin. Une fois l'exercice terminé, il suffira de récupérer le flotteur, ce qui sera facilité par la présence de la ligne flottante que l'on croche à la gaffe.

3. Hisser Jonas à bord. Cet exercice est important. Il faut savoir qu'un équipier est mort alors que, par force supérieure à 10, l'équipage avait réussi à le rattraper très vite, mais a été incapable de le hisser à bord.

Pour s'exercer valablement, il faut, à partir du pont, hisser à bord un équipier qui fait le mort au fond de l'annexe. On fait cet exercice avec des Jonas équipés ou non de harnais. On se rendra vite compte qu'il vaut mieux nouer une bosse autour de la poitrine d'un Jonas sans brassière, si l'on ne veut pas le perdre, et qu'il est vraiment très difficile de hisser un Jonas choqué. Il faut savoir que hisser un équipier sec et confiant qui fait le mort est bien plus facile que de hisser un naufragé mouillé et angoissé ou, pire, paniqué.

CHAPITRE

3

Navigation de nuit

La nuit est moins inquiétante, puisqu'il y a les feux. Encore faut-il savoir s'en servir. Pour vous familiariser avec le langage des feux, il peut être intéressant, un soir de beau temps, de rentrer tout exprès un peu tard, au moment où ils s'allument : il ne fait pas encore nuit. Les entrées de ports comme La Trinité, Saint-Malo ou Hyères sont parfaites pour cela, avec la succession des feux qui vous prennent en charge les uns après les autres pour vous mener comme par la main jusqu'au port. En une seule fois vous découvrirez : feux d'alignement, isophases, synchrones, à secteurs, directionnels, scintillants et à occultations. Mais vous pouvez aussi faire cette expérience le matin, en partant de très bonne heure. C'est même préférable, car si vous vous y perdez un peu, de toute façon le jour viendra !

Comme pour la manœuvre, la navigation de nuit demande que l'on soit familiarisé avec les techniques de navigation : tracer sa route, lire une carte, faire le point avec trois amers (ou avec des relèvements successifs d'un seul car il arrive souvent que l'on n'ait à sa disposition qu'un seul feu) doivent être des techniques parfaitement connues et assimilées.

Points de repère et documents

Les feux et les signaux

Sous le nom de « feux » on regroupe les lumières émises par les phares, les bateaux-feux, les tourelles et les bouées et les ouvrages portuaires. La nuit, tous ces feux donnent du paysage une définition simplifiée et remarquablement précise, à telle enseigne que les atterrissages sont souvent plus faciles de nuit que de jour.

La position géographique et les caractéristiques techniques des feux sont définies dans tous leurs détails dans le *Livre des feux*. Sur les cartes, ils sont soulignés par des larmes (de couleur magenta) et décrits de façon sommaire. Chaque feu est caractérisé par sa couleur, son type, son rythme et sa période.

Couleur. Vert, rouge, blanc pour le balisage ordinaire. Jaune pour les marques spéciales (parfois même blanc bleuté, ou violet dans certains cas particuliers). Plus rarement, certains feux peuvent changer de couleur, ils sont alors appelés feux alternatifs.

Optique du feu à occultations du phare de la pointe d'Agou.

Type. Les principaux sont : les feux fixes, les feux à éclats, les feux à occultations, les feux isophases et les feux scintillants.

■ Feu fixe : lumière continue et d'intensité constante.

■ Feu à éclats : les temps de lumière, dits « éclats », sont beaucoup plus courts que les temps d'obscurité. Tous les éclats sont de même durée et les temps d'obscurité sont de durées égales ou variables.

■ Feu à occultations : les temps d'obscurité, dits « occultations », sont égaux ou plus courts que les temps de lumière. Toutes les occultations sont de même durée et les temps de lumière de durées égales ou variables.

■ Feu isophase : les temps de lumière et les temps d'obscurité sont d'égale durée.

■ Feu scintillant : c'est un feu isophase à rythme rapide (plus de 50 alternances par minute). Les feux scintillants peuvent être continus ou discontinus.

Rythme. La répartition des temps des éclats ou des occultations donne le rythme du feu. Dans les feux à occultations, par exemple, on trouve trois sortes de rythme :

1° Les temps de lumière entre chaque occultation sont toujours de même durée. Le feu est dit régulier, c'est un feu à 1 occultation. Par exemple la Tourelle verte de la citadelle de Port-Louis : feu vert, 1 occultation, 4 secondes.

2° Les occultations, séparées par de brefs temps de lumière, sont groupées par deux, trois ou quatre, un intervalle de lumière assez long séparant chaque groupe. Ex. : les Moutons, feu à 2 occultations.

3° Les occultations sont groupées de façon irrégulière. Ex. : Trévignon, 3 + 1 occultations. Les occultations groupées sont séparées de l'occultation isolée par des temps de lumière assez longs. Le principe est le même pour les feux à éclats.

Période. La période est le laps de temps au bout duquel un feu reprend les mêmes aspects dans le même ordre. Ex. : la période du feu de Trévignon est de 12 secondes ; on peut compter aussi bien :

■ de la première occultation du groupe de trois à la première occultation du groupe de trois suivant ;

■ de l'occultation isolée à l'occultation isolée suivante, etc.

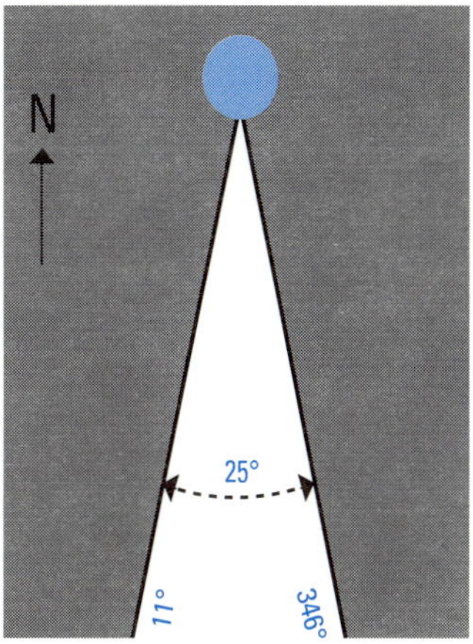

Les secteurs des feux sont donnés « à la mer », c'est-à-dire pour le navigateur. Un secteur indiqué de 346° à 11° est au Sud du phare.

Feux particuliers

Il existe un certain nombre de feux ayant des caractéristiques bien particulières. Ce sont :

■ les feux à secteurs, qui ne présentent pas la même couleur dans toutes les directions. Chaque couleur « couvre » un secteur de navigation bien précis. Souvent, le secteur blanc indique la zone libre (chenal d'entrée de port, par exemple), tandis que les secteurs rouge et vert couvrent des dangers – mais cela n'est pas systématique, et seul l'examen de la carte permet de préciser les choses ; on se reportera à l'exemple de Trévignon dans le « Soliloque de l'équipier de nuit », chapitre 3 ;

■ les feux directionnels, placés en général dans l'axe d'un chenal (comme le feu de Beuzec à l'entrée de Concarneau). Ces feux ont un faisceau étroit et sont nettement plus intenses dans l'axe que sur les côtés ;

■ les feux d'alignement, associés comme leur nom l'indique pour former un alignement (tels le phare de la Croix et le feu de Beuzec à Concarneau). Le feu le plus proche du navigateur est dit : feu antérieur ; le plus éloigné : feu postérieur ;

■ les feux d'entrée et de sortie de certains ports dont l'accès n'est pas permanent (écluses, trafic marchand important, barre à l'entrée certains jours, etc.). Il s'agit toujours d'une combinaison de feux rouges, verts ou blancs (de pavillons dans la journée). Ces signaux sont uniformisés depuis le 1er janvier 1990 ;

■ les feux auxiliaires, établis sur le même ouvrage que le feu principal (comme à Penfret), couvre un danger particulier ou indique une passe. Ces feux sont de faible puissance, pour n'être aperçus que de près.

On peut citer encore les feux alternatifs qui présentent successivement dans une même direction des colorations différentes (par

Les différents types de feux

Consulter également les rabats de couverture.

FEU FIXE

Feu dont la lumière, la densité et la couleur restent toujours constantes. Exemple : le feu fixe vert du chenal de Groumili à l'entrée de Saint-Guénolé. **Fixe V**.

FEU À OCCULTATIONS

Feu dont les temps d'obscurité (les occultations) sont beaucoup plus courts que les temps de lumière.

■ Feu à occultations régulières : les occultations se succèdent régulièrement. Exemple : le feu de la jetée Sud de Lesconil. **R. Occ.** 4 s

■ Feu à occultations groupées : feu dont les occultations sont regroupées par séquences qui se succèdent régulièrement. La durée totale de lumière peut être dans certains cas égale à la durée totale d'obscurité. Exemple : feu de l'île aux Moutons. **2 Occ.** 6 s (1 ; **1**; 1 ; **3**)

■ Feu à occultations diversement groupées : feu identique au précédent mais les séquences ont des nombres d'occultations différents. Exemple : feu de Trévignon. **B. R. V. (3 + 1) Occ.** 12 s {(1 ; **1**) 2 fois ; (1 ; **3**) 2 fois}

FEUX ISOPHASES

Feu dont les temps de lumière et d'obscurité sont d'égale durée. Exemple : feu auxiliaire de Tevennec (également directionnel). **Dir. Iso. B.** 4 s

FEUX À ÉCLATS

Feux dont les temps de lumière sont plus courts que les temps d'obscurité. Les éclats ont habituellement la même durée.

■ Feu à éclats réguliers : les éclats se succèdent régulièrement à une fréquence inférieure à 50 éclats par minute. Exemple : le feu de la cale de Beg Meil. **E. R.** 2 s {**0,4**}

■ Feu à éclats longs : feu à éclats réguliers dont la durée est au moins de 2 secondes. Exemple : la bouée d'atterrissage « CH 1 » (Cherbourg). **EL. B.** 10 s {**3**}

■ Feu à éclats groupés : feu dont les éclats sont regroupés en séquences qui se succèdent régulièrement. Les marque de danger isolé ont toujours des éclats blancs groupés par deux. Exemple : le phare de l'île de Sein. **4 E. B.** 25 s {(**0,4** ; 3,6) 2 fois ; **0,4** ; 11,6}

■ Feu à éclats diversement groupés : feu semblable au précédent mais les séquences ont des nombres d'éclats différents. Exemple : le feu de la pointe de Lervily (Audierne). **(2 + 1) E. B. R.** 12 s {**1**; 1 ;(**1**; 4) 2 fois}

FEU SCINTILLANT

Feu dont les éclats se succèdent à une fréquence comprise entre 50 et 80 éclats par minute. Feu scintillant continu : feu dont les éclats se succèdent rapidement et régulièrement. Exemple : le feu de Lanriec (Concarneau). **Scint. V.**

■ Feu à scintillements rapides continus : feu dont les éclats se succèdent régulièrement à une fréquence comprise entre 80 et 160 par minute. Avec les feux scintillants continus ils sont caractéristiques des marques cardinales Nord. Exemple : le feu de la tourelle Le Faix (chenal de la Helle). **Scint. rap. B.**

■ Feu à scintillements ultra-rapides continus : feu dont les éclats se succèdent régulièrement à une fréquence supérieure à 160 par minute. Il n'en existe pas encore sur le littoral français. L'abréviation utilisée est : **Scint. U. rap.**

■ Feu à scintillements groupés : feu dont les scintillements sont groupés en séquences qui se succèdent régulièrement. Les bouées cardinales Ouest avec des groupes de 3 scintillements et les bouées cardinales Est avec des groupes de 9 scintillements sont toujours de ce type. Exemple : bouée Le Bouc (mer d'Iroise). **Scint. B. (9)** 15 s

■ Feu à scintillements groupés et éclat long : les scintillements sont groupés en séquences et suivis d'un éclat long. Ils sont caractéristiques des bouées cardinales Sud. Exemple : bouée de la Jument de Glénan. **Scint. B. (6) + EL. B.** 15 s

■ Feu scintillant interrompu : feu dont les scintillements sont régulièrement interrompus par de longs intervalles d'obscurité. Exemple : Port Maria (Quiberon) **Scint. B. R. V.**

FEU À SECTEURS

Feu qui ne présente pas la même couleur dans toutes les directions. Les secteurs généralement blanc, vert ou rouge couvrent des zones de navigation précises.

Conventionnellement (mais non systématiquement) les secteurs blancs délimitent des zones saines, les secteurs vert ou rouge délimitent des zones dangereuses. Ces secteurs sont indiqués sur la carte et dans le *Livre des feux* avec des azimuts c'est-à-dire avec des relèvements établis depuis la mer. Exemple : le feu de la tourelle du Cochon (Concarneau). **3 E. B. R. V.** 12 s {(**1**; 1,5) 2 fois ; **1**; 6} 048 – **V.** 205 – **R.** 352 – **B.** 048

FEU DIRECTIONNEL

Feu généralement placé dans l'axe d'un chenal. Il couvre la zone de navigation par un étroit faisceau. Il peut être renforcé par un secteur intense juste dans l'axe de chenal. Exemple : le feu de Beuzec (Concarneau). **Dir. Scint. B. Int.** 026,5 – 030,5 (4)

FEUX SPÉCIAUX

Feu morse : feu dont les apparitions de lumière ont deux durées nettement différenciées et sont groupées pour former les caractéristiques d'une lettre de l'alphabet morse. Exemple : bouée d'atterrissage Le Légué. **Mo (A) B.** 10 s

■ Feu fixe et à éclats : feu comportant une lumière fixe combinée à un ou plusieurs éclats (n'existe pas sur les côtes du littoral français). **Fixe B. et E. B.** 5 s

■ Feu alternatif : feu montrant alternativement des couleurs différentes. Exemple : feu du brise-lames de Château-Cornet (Saint-Peter port). **Alt. B. R.** 10 s {**B. 7,5 ; R. 2,5**}

■ Feux verticaux : ce sont généralement des feux fixes l'un au-dessus de l'autre. On en rencontre souvent sur les côtes anglaises. Exemple : feu de la jetée Broadstairs (Ramsgate). **Fixes R.** (2 vertic.)

■ Feux aéronautiques : feux servant aux avions mais qui sont cependant visibles depuis la mer. Ils sont généralement perchés sur de hauts pylônes. Exemple : feu aéronautique (et morse) de la pointe Saint-Martin (Biarritz). **AE. Mo (L) B.** 7,5 s

■ Feu auxiliaire : feu de moindre importance établi sur le même ouvrage qu'un feu principal. Exemple : le feu auxiliaire de Penfret. **Dir. Scint. B. Vis.** 295 – 315 (20)

■ Feux d'alignement : ils vont par paire et forment un alignement sur les chenaux d'entrée et de sortie de ports. Le plus près de la mer est dit : feu antérieur ; le plus éloigné : feu postérieur. Ils ont généralement les même caractéristiques et peuvent être synchronisés (l'un s'allume quand l'autre s'éteint). Exemple : l'alignement à 008,5° de la passe Sud de l'entrée de Lorient. ALIG. 008,5°

– Feu A. (halles du port de pêche) : **Dir. Scint. R.**
Int. 006 – 011 (5)

– Feu P. (La Perreire) : **Dir. Scint. R.**
Int. 006 – 011 (5)
Synchronisé avec A.

exemple le feu du brise-lames de Guernesey) ; les feux aéronautiques, souvent occasionnels, émettent généralement une lettre de l'alphabet Morse (Portsmouth, Cherbourg, Biarritz). Enfin, certains feux à secteurs qui, d'un secteur à l'autre, ne changent pas de couleur mais de rythme. L'un des plus remarquables est sans doute le feu du cap Corrubedo, non loin du cap Finisterre, qui présente 3 éclats rouges dans un secteur, puis 3 + 2 éclats rouges dans le secteur voisin. Il faut être très bien éveillé pour y voir clair.

Le Livre des feux

Nous errons dans la région de Concarneau et nous voyons un feu vert, à occultations groupées par 1 et 3, avec une période de 12 secondes. Ouvrons le *Livre des feux.* Pas d'hésitation possible : c'est le feu de Trévignon.

Et nous obtenons tout aussitôt une foule de renseignements complémentaires.

■ Nous le voyons vert, mais il présente d'autres couleurs dans d'autres directions (blanc et rouge) : c'est un feu à secteurs.

■ La hauteur de son foyer est de 11 mètres au-dessus de la pleine mer de vives-eaux moyennes (coeff. 95).

■ Sa portée lumineuse : elle est variable selon la couleur. C'est le blanc qui a la plus grande brillance (tous les grands feux d'atterrissage sont blancs), ensuite le rouge, enfin le vert. Il faut savoir qu'il s'agit d'une portée « nominale », définie par l'Association internationale de signalisation maritime comme étant la portée lumineuse dans une atmosphère homogène par une visibilité météorologique de 10 milles. Certains pays peuvent avoir d'autres définitions. Notre *Livre des feux* reproduit telles quelles, sans les adapter, les indications des documents étrangers.

■ La description des secteurs et de leurs limites. On apprend ici que le feu de Trévignon comporte six secteurs : deux rouges, un obscur, deux blancs, un vert. Notre secteur vert s'étend de 051° à 085°. Attention ! les secteurs sont donnés à la mer, c'est-à-dire que les valeurs indiquées sont celles que le navigateur relève. Le secteur vert de Trévignon couvre donc une région située dans l'WSW du phare (et non dans l'ENE, secteur où l'on trouve surtout des troupeaux de vaches, et la ravissante chapelle de Saint-Philibert, joyau du XVe siècle).

■ La description de l'ouvrage qui porte le feu et sa hauteur au-dessus du sol. Description fort utile : les phares sont de bons amers de jour. Et cela évite aussi de chercher une tour alors que le feu est logé dans le grenier d'une maison ou dans le clocher d'une église.

■ Le décompte détaillé des différentes phases du feu. Il est souvent très compliqué et susceptible d'embrouiller les idées ; dans bien des cas il vaut mieux ne pas le lire ; cependant il est bon de savoir que les durées de lumière (écrites en caractères gras) et d'extinction (en caractères maigres) sont exprimées en secondes et marquées entre crochets. La couleur des secteurs est indiquée en caractères gras avec les abréviations usuelles.

■ Pour d'autres phares, comme celui de Pen Men, on trouve par exemple des renseignements concernant les signaux de brume ou la présence d'un radiophare.

■ Pour les grands phares, dont la portée lumineuse est très grande, on trouve en italique la portée géographique du feu, c'est-à-dire la distance maximale à laquelle le feu peut être vu au-dessus de l'horizon apparent. Cette portée géographique est indiquée lorsqu'elle est inférieure à la portée lumineuse. La portée géographique dépend de la hauteur de la marée et de la hauteur de l'œil de l'observateur (laquelle dépend de la taille du personnage et de la taille de son bateau). La portée géographique indiquée dans le livre est calculée pour un observateur dont l'œil est à 4,50 mètres au-dessus d'une pleine mer de vives-eaux, coeff. 95. Nous sommes rarement si haut perchés – mais un tableau (au début du livre) permet de faire le rétablissement voulu.

Rares sont désormais les feux qui sont gardés ; ils peuvent donc être en panne pendant quelques heures, toutefois les plus importants sont équipés de nombreux systèmes de secours si bien qu'ils sont très rarement éteints. Tout au plus leur puissance ou leurs caractéristiques peuvent-elles être modifiées en cas de panne très grave. Les bouées ne sont pas gardées non plus (l'incompétence des cormorans est notoire !).

Ne pas oublier qu'un feu de bouée peut tomber en panne et qu'il peut s'écouler un certain temps (surtout un certain mauvais temps !) avant sa remise en service. Il est bon de signaler ici que les usagers sont invités à signaler aux autorités compétentes toutes les anomalies qu'ils peuvent déceler lors de leur navigation. Pour cela on peut prévenir directement par téléphone le service des phares et balises, ou alerter le CROSS par VHF ou avertir le capitaine du port de la prochaine escale. La nomenclature de tous les phares de la côte obéit à une logique rigoureuse.

Chaque feu possède deux numéros ; en caractère droit la numérotation française à 5 chiffres ; en caractère italique un code alphanumérique qui correspond à la numérotation internationale des feux (en fait celle du livre de l'Amirauté britannique).

Ces numérotations sont surtout intéressantes pour la tenue à jour des documents nautiques car elles permettent de retrouver facilement un feu ayant été modifié. La calligraphie du nom des feux est également codifiée ; en capitales sont écrits les grands feux d'atterrissage et les feux importants pour la navigation ; en caractères ordinaires sont mentionnés les autres feux. Les caractères italiques (capitales ou ordinaires) indiquent qu'il s'agit de feux flottants (bateaux-feux, bouées-phares, bouées, coffres lumineux...). Remarquons enfin que, contrairement à la carte qui mentionne les caractéristiques des feux en anglais, le *Livre des feux* continue à utiliser le français. Ainsi le feu de Penfret est indiqué par les abréviations suivantes : sur la carte, FlR 5 s 36 m 21M & Dir Q 34 m 12M ; dans le livre des feux, **E. R.** 5 s {**0,2**} et feux auxiliaires **Dir. Scint. B.** Vis. 295-315 (20)

Tenir à jour le Livre des feux

Lorsque l'on achète un *Livre des feux*, le document est obligatoirement accompagné soit d'un fascicule de corrections, lorsqu'il est relié de façon classique (feuillets fixes), soit d'une liasse de feuilles de remplacement lorsqu'il se présente sous la forme d'un classeur à feuillets amovibles. Dans le premier cas, on découpe et on colle les corrections à leur place (non sans avoir rayé d'abord le texte périmé, car toutes

Symboles et abréviations courantes
(utilisés pour désigner les feux)

Ambre	Am.	Minutes (temps)	mn.
Antérieur	a. ou ant.	Métallique	métall.
Aéronautique	aé. ou aéro.	Morse	Mo
Alignement	alig.	Nord	N
Alternatif	alt.	Oblique	obl.
Atténué	att.	Obscur	obs.
Blanc	B.	Occultation	Occ.
Bleu	Bl.	Occasionnel	occas.
Cardinal	card.	Octogonal	oct.
Cylindrique	cyl.	Orange	Or.
Directionnel	dir.	Portée nominale	Pn
Discontinu	dis.	Postérieur	p. ou post.
Est	E	Polygonal	polyg.
Éclat	É	Pylône	pyl.
Éclat long	ÉL.	Pyramidal	pyr.
Extrémité	extr.	Rapide	rap.
Fixe	f.	Rectangulaire	rec.
Fluorescent	Fluor.	Réflecteur	réf.
Heure	h	Rouge	R.
Hauteur	haut.	Seconde (temps)	s
Hexagonal	hex.	Sud	S
Horizontal	hor.	Scintillant	scint.
Intermédiaire	i.	Secteur	sect.
Inférieur	inf.	Sphérique	sphér.
Intense	int.	Supérieur	sup.
Isophase	Iso.	Triangulaire	triang.
Jaune	J.	Ultra-rapide	U. rap.
Lanterne	lant.	Vert	V.
Latéral	lat.	Vertical	vertic.
Losange	los.	Violet	Vio.
Lumière	lum.	Visibilité	vis.
Mètre	m	Voyant	voy.
Mille marin	M	Ouest	W

FRANCE — DE LA POINTE DE PENMARCH A LORIENT 115

NUMÉROS	NOM DESCRIPTION — POSITION APPROCHÉE Lat N — Long. W	ÉLÉVATION DU FOYER	PORTÉE (milles)	CARACTÈRE — PÉRIODE PHASES — SECTEURS D'ÉCLAIRAGE SIGNAUX DE BRUME — INTENSITÉ LUMINEUSE
40374 *D.0944*	Trévignon Tourelle carrée verte et blanche 7 m 47.47,6 3.51,3	11	B. 10 R. 7 V. 6	**B. R. V. (3 + 1) Occ.** 12 s ((1 ; **1**) *2 fois* ; (1 ; **3**) *2 fois*) 322 - **R.** - 351 - **Obs.** - 004 - **B.** - 051 - **V.** - 085 - **B.** - 092 - **R.** - 127
40378 *D.0945*	— Môle abri - Musoir Colonne blanche sommet vert 3 m 47.47,7 3.51,3	5	5	**F. V.** 4 s **(1)**
	ILE DE GROIX			
40952 *D.0962*	PEN-MEN - Au NW de l'île Tour carrée blanche, sommet noir 24 m 47.38,9 3.30,5	60	**30** *20*	**4 É. B.** 25 s ((**0,2** ; 2,8) *3 fois* ; **0,2** ; 15,8) Vis. 309 - 275 (34) SIRÈNE **4 sons** 60 s ((**2** ; 3) *3 fois* ; **2** ; 43) 0,2 M Ouest RADIOPHARE
40963	*Bouée « Les Chats »* Card. Sud 47.35,7 3.23,6	4	5	**4 É. R.** 12 s ((**1** , 1) *3 fois* , **1** , 5) SIFFLET

Extrait du Livre des feux et Signaux de brume, *volume CA. (Document SHOM.)*

les colles ne résistent pas à l'humidité !). Dans le second, on remplace purement et simplement les pages périmées par les pages neuves.

Pour tenir ensuite l'ouvrage à jour, il faut se procurer, pour un *Livre* à feuillets amovibles, les feuilles de remplacement qui paraissent tous les six mois ; pour un *Livre* à feuillets fixes, le fascicule de corrections qui paraît tous les ans. Et pour être à jour quotidiennement, il reste à écouter les AVURNAV, à consulter les Groupes hebdomadaires d'avis aux navigateurs ou à interroger le Minitel 3615 SHOM puisque ce service permet maintenant de connaître les dernières corrections à apporter aux cartes et aux principaux ouvrages publiés par le Service hydrographique et océanographique de la marine.

Reconnaître un feu

Les feux du balisage

Par bonne visibilité, les feux donnent une indication précise et univoque. L'expérience prouve toutefois que les navigateurs débutants prennent facilement des vessies pour des lanternes, et surtout qu'ils ont tendance à voir dans le premier feu venu celui qu'ils ont envie de voir. Pour identifier un feu, il ne faut pas commencer par lui donner un nom, mais se faire un œil objectif et déterminer tout d'abord, aussi sereinement que possible, ses caractéristiques.

La couleur est, en principe, évidente. Toutefois, lorsque le temps est brumeux, les feux blancs peuvent paraître rougeâtres.

Le type du feu apparaît sans équivoque lorsqu'il s'agit d'un feu à éclats ou d'un feu scintillant. Certains feux fixes, en revanche, peuvent être noyés dans les lumières des villes. Certains feux à occultations ont l'air d'être isophases, et réciproquement.

Pour déterminer la durée respective des temps de lumière et d'obscurité, le meilleur moyen est de compter mentalement (selon son rythme personnel, mais de préférence assez rapidement pour que le comptage soit régulier).

On trouve le rythme d'un feu en comptant de la même façon, durant les temps soit d'obscurité (pour un feu à éclats), soit de lumière (pour un feu à occultations).

Il est rare que l'on ait besoin de connaître la période (du moins en France, où l'on s'est arrangé pour qu'il n'y ait pas, dans les mêmes parages, deux feux dont seule la période soit différente). S'il faut lever un doute, on mesure la période en comptant en secondes (la récitation : A1, A2, A3, etc., donne en général une précision suffisante), ou bien l'on utilise un chronographe.

Sur nos côtes le balisage nocturne est extrêmement dense et il arrive souvent que l'on dispose dans son champ de vision d'une quantité très importante de feux. La pratique montre qu'il n'est jamais nécessaire de les identifier tous. Mieux vaut avoir reconnu trois feux avec certitude que vingt pour lesquels de nombreux doutes subsistent. On cherchera dans tous les cas à identifier en premier les grands feux (généralement à éclats blancs) ; ils sont visibles de loin et servent plus longtemps au navigateur (au cours d'une navigation de nuit entre Concarneau et Belle-Île, le feu de Pen Men, à la pointe de Groix, reste visible tout au long de la route pourvu que la visibilité soit bonne.

Lorsque l'on a déterminé les caractéristiques du feu, on peut chercher son nom. Il est bon ensuite de faire des recoupements (position par rapport à d'autres feux, relèvements) pour acquérir une certitude définitive. Tout cela demande une certaine pratique, et il ne faut pas manquer une occasion de s'y entraîner.

Les feux des bateaux

De nuit autant que de jour on est amené à rencontrer d'autres bateaux, de plaisance, de pêche ou de commerce. Il est important d'apprendre à les reconnaître et de savoir dans quelle direction ils se dirigent et éventuellement s'ils filent vite ou pas. Certains font route, d'autres travaillent ou attendent au mouillage, quelques-uns sont prioritaires ou en remorque… Bref, l'activité maritime ne diminue pas beaucoup la nuit même si la plupart des plaisanciers restent sagement au port. Dans chaque cas le règlement international pour prévenir les abordages en mer (ouvrages *SH 2A* et *2B*) prescrit la nature des feux que doivent porter les navires.

D'une manière générale on peut remarquer que ces feux sont de deux sortes :

- ceux qui permettent d'évaluer la route suivie par le navire ;
- ceux qui permettent d'identifier le type et la taille des bateaux dont il s'agit et éventuellement le travail qu'ils effectuent.

Pour cela il a été choisi trois couleurs principales : blanc, rouge et vert. Le jaune est parfois utilisé mais il s'agit de cas très spécifiques tels les remorqueurs, les aéroglisseurs ou les sous-marins.

Toute la réglementation repose sur le nombre et la répartition de ces feux arborés par les navires.

Feux des navires faisant route

La réglementation concernant les feux de route est valable pour tous les navires, à voiles ou à moteur, de plaisance ou non, faisant route, selon la définition de la règle des trois ni, (c'est-à-dire n'étant ni au mouillage, ni échoués, ni amarrés à terre).

Les feux de route comprennent :

- des feux de côté, rouge sur bâbord et vert sur tribord, visibles sur un secteur de 112,5° depuis l'avant du bateau ;
- un ou deux feux de tête de mât, blancs, visibles sur un secteur de 112,5° de chaque bord à partir de l'avant du bateau (225° en tout) ; les petits navires (inférieurs à 50 m) n'en portent qu'un seul, les grands (supérieurs à 50 m) deux, celui de l'avant étant plus bas que celui de l'arrière ;
- un feu de poupe blanc visible sur un secteur de 67,5° de chaque bord à partir de l'arrière du bateau (135° en tout).

Il y a peu d'exceptions à cette règle. La plus importante nous concerne particulièrement : les voiliers ne portent pas le feu blanc de tête de mât.

Feux de travail et d'identification des navires

Ce sont des feux spécifiques qui généralement s'ajoutent aux feux de route. Montrés dans la plupart des cas dans la mâture, ils indiquent :

- la nature particulière d'un navire : remorqueurs, chalutiers, voiliers, aéroglisseurs, bateaux-pilotes…
- la situation particulière d'un navire : en pêche, en route, remontant son chalut, non maître de sa manœuvre, handicapé par son tirant d'eau, remorqué…

Apprécier la route suivie par un autre navire

Voilà probablement une des questions les plus angoissantes que l'on rencontre au cours des navigations de nuit. La quasi-impossibilité d'apprécier les distances, le manque de détails, la confusion due à la présence d'autres lumières, rendent très difficile l'appréciation de la route suivie par les autres bateaux que l'on aperçoit. Le meilleur réflexe consiste à prendre tout de suite un relèvement du bateau et noter soigneusement le résultat sur un coin de la table à cartes. Cela permettra ultérieurement de déterminer s'il y a ou non route de collision. Après quoi l'on pourra commencer à identifier ses feux. L'utilisation des jumelles permet dans la majorité des cas d'apercevoir les feux de côté et même de distinguer la silhouette du navire.

De nuit, les feux d'un navire permettent de savoir quelle partie de ce navire on voit et d'en déduire approximativement la route qu'il suit. Il peut également porter un certain nombre de feux blancs et d'autres de couleur : les ouvrages *SH 2A* et *2B* donnent tous les renseignements utiles à ce sujet.

Un bon réflexe, avant d'aller chercher dans les documents de quel type de bateau il s'agit, consiste à s'écarter systématiquement de tout navire qui montre des feux (en particulier des feux de couleur dans la mâture) en plus des feux normaux, car il s'agit sûrement d'un navire à manœuvrabilité réduite.

Les feux blancs sont nettement plus visibles que les feux de couleur (6 milles au lieu de 3 pour les navires de plus de 50 m, 5 milles au lieu de 2 pour les navires entre 12 et 50 m et 2 milles au lieu de 1 pour les navires inférieurs à 12 m). Ce sont donc tout d'abord les feux de tête de mât qui permettent de se faire une idée de la direction suivie par le navire. Sur les gros bateaux, le feu de tête de mât arrière est plus haut que le feu de tête de mât avant, et tous deux sont dégagés des superstructures : lorsque ces feux apparaissent superposés, c'est que le bateau vient droit sur nous.

Les feux de couleur deviennent visibles lorsque le bateau se rapproche (des jumelles 7 x 50 sont très utiles pour les distinguer). Il n'y a aucun risque d'abordage lorsque l'on voit le feu rouge de l'autre dans le secteur de son propre feu rouge, ou son feu vert dans le secteur de son propre feu vert.

Rouge sur rouge, rien ne bouge ; vert sur vert, tout est clair.

Lorsqu'on rattrape un navire (cela arrive !), on ne voit que son feu de poupe.

Reconnaître les grands navires marchands la nuit

Au large, au cours d'une traversée de la Manche ou à chaque passage du rail, la rencontre des cargos est un nouveau motif d'anxiété pour les équipages des petits voiliers. Anxiété tout à fait légitime d'ailleurs, dans la mesure où ces rencontres ressemblent au combat du pot de fer contre le pot de terre et que les plaisanciers manquent souvent d'expérience pour apprécier ces situations et anticiper la conduite à tenir.

De jour, le problème est assez simple. Les cargos, avec leurs masses imposantes et leurs superstructures haut perchées se voient de loin. La nuit, les choses se compliquent terriblement car les feux réglementaires se perdent dans les halos des lumières des sabords et des hublots quand ce ne sont pas des projecteurs de pont. Il est alors difficile pour un œil non exercé de savoir s'il y a un ou deux bateaux, s'ils sont à 300 mètres ou à 5 milles, s'ils font route vers l'Est ou vers l'Ouest. Parfois il arrive aussi que nos doutes se transforment en berlues, capables de nous faire confondre les feux d'un tanker avec ceux d'un petit port de la côte. Comme toujours en pareil cas, il faut agir avec méthode et discernement, appliquer des règles simples qui relèvent avant tout du bon sens.

En tout premier lieu, il faut se débarrasser de certaines idées reçues qui ont encore cours chez les plaisanciers :

■ « Il n'y a personne à la passerelle. » Faux ! La veille est obligatoire de jour comme de nuit sur tous les bateaux du monde. Cela est d'autant plus vrai que le long de côtes comme celles d'Europe où le trafic est tellement dense qu'il serait suicidaire d'abondonner la veille, les navires sont constamment appelés en radiophonie par les centres et les navires de contrôle (comme la tour du Stiff à Ouessant ou le Centre de surveillance de Corsen). En outre, l'importance du trafic, en Manche en particulier, exige une veille très efficace. Faut-il rappeler à ce sujet que la priorité en mer n'existe pas et qu'aucun navire ne peut se prévaloir d'un tel avantage ? La réglementation maritime stipule seulement lequel des deux navires doit s'écarter de la route de l'autre et précise que si celui-ci ne s'est pas aperçu du risque de collision, c'est à l'autre de manœuvrer.

■ « À la voile je suis toujours prioritaire. » Faux ! Dans les chenaux, les voiliers ne doivent pas faire obstacle aux bateaux qui ne peuvent naviguer en sécurité qu'à l'intérieur d'un chenal ou d'une passe étroite. D'autre part, les gros navires marchands souvent gênés par leurs énormes tirants d'eau restent prioritaires quand ils naviguent près des côtes (ils montrent alors – mais cette règle est facultative – trois feux rouges verticaux visibles sur tout l'horizon).

■ « Il marche au moteur donc il manœuvre plus facilement. » Faux ! Les grands bateaux ont des rayons de giration gigantesques – de plusieurs milles – tout comme est démesurée la distance qu'il leur faut pour casser leur erre et s'arrêter.

De toute façon, le rapport de force est vraiment trop inégal. Se prévaloir de son bon droit devant une masse de 250 000 tonnes lancées à plus de 12 nœuds est tout simplement suicidaire…

Faut-il ajouter que la courtoisie voudrait que ceux qui sont en mer pour leur plaisir cèdent leurs prérogatives devant ceux qui sont en mer pour leur travail ?

Risques d'abordage

Quand y a-t-il risque d'abordage ? Citons ici, d'entrée de jeu, l'admirable règle n° 7 du Règlement pour prévenir les abordages en mer : « Tout navire doit utiliser tous les moyens disponibles qui sont adaptés aux circonstances et conditions existantes pour déterminer s'il existe un risque d'abordage. S'il y a doute quant au risque d'abordage, on doit considérer que ce risque existe. »

Cela signifie en tout premier lieu que l'équipage doit se mobiliser pour assurer une veille attentive. Dans les passages fréquentés, il est toujours prudent de confier à un équipier de quart le rôle de veiller, particulièrement devant et sous le vent, les feux des bateaux qui croisent aux alentours.

On cherchera toujours, lorsque l'on aperçoit un navire, à déterminer s'il y a ou non risque d'abordage. Deux bateaux font des routes de rencontre quand le gisement de l'un par rapport à la route de l'autre ne varie pas. La première chose à faire est de vérifier le défilement de l'autre. Le plus simple est de prendre des repères avec les haubans ou le balcon de son propre bateau. Si ces repères ne changent pas ou peu il faudra être plus précis et utiliser le compas de relèvement. À intervalles de temps réguliers on relèvera alors le navire en visant toujours le même endroit : passerelle ou feu de mât.

Si ces relèvements varient dans un sens ou dans l'autre il n'y a aucun risque d'abordage. Le bateau coupera la route devant ou derrière. Avec des jumelles on peut éventuellement chercher à identifier les feux de côté. Rappelons ce que nous avons dit plus haut : il n'y a aucun risque d'abordage lorsque l'on voit le feu rouge de l'autre bateau dans le secteur de son propre feu rouge ou son feu vert dans le secteur de son propre feu vert.

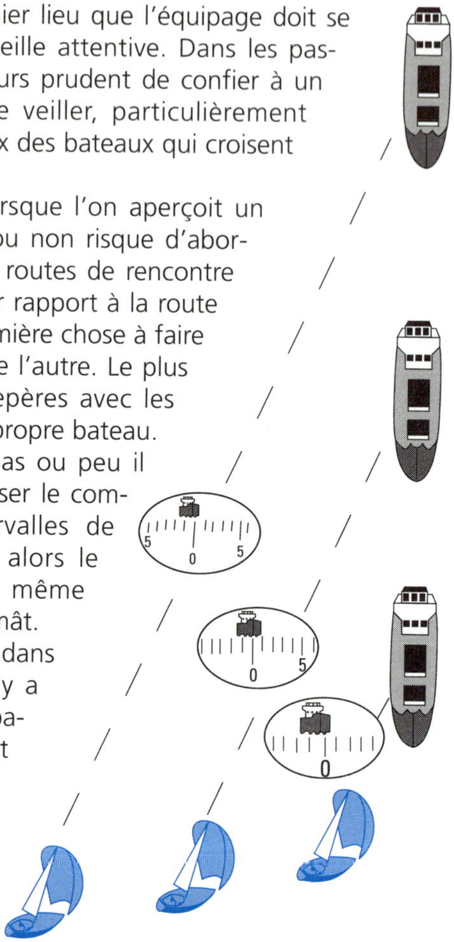

Le gisement de ce cargo ne varie pas ; il y a danger.

Si au contraire les valeurs de ces relèvements ne bougent pas ou si la variation est inférieure à 5° ou 10° il y a un risque d'abordage certain et des mesures s'imposent : il faut manœuvrer.

Il n'y a cependant pas lieu de s'affoler. On évitera de manœuvrer de façon désordonnée en venant à gauche puis à droite au risque de se désorienter et de faire douter le patron du bateau de pêche ou l'officier de quart du cargo. Il nous a sans doute repérés (mais il peut lui aussi paniquer) et observe très attentivement la manœuvre.

Il faut choisir une parade et s'y tenir. De cette façon l'officier de quart pourra éventuellement donner des ordres de barre mais en connaissance de cause pour éviter l'abordage.

Il est important d'agir franchement. Lorsque l'on a déterminé de quel bord on va venir, il faut opérer un changement de cap d'au moins 40°. L'important est de ne laisser aucun doute sur le sens de la manœuvre que l'on entreprend.

Nous l'avons déjà dit, dans bien des cas la meilleure parade est de rétablir par un virement de bord la véracité de ce dicton :

Rouge sur rouge rien ne bouge ; vert sur vert tout est clair.

Sachez enfin que de la passerelle d'un cargo, on voit souvent très mal un voilier : 2 milles au maximum quand la nuit est belle mais bien souvent moins d'un mille quand ce n'est pas 500 m. Les feux placés en tête de mât se voient mieux que les feux placés sur le pont, souvent masqués par une voile ou par la gîte. Certains équipages ont pris l'habitude de signaler leur présence en éclairant leurs voiles avec le projecteur du bord. L'intention est louable mais le résultat tout à fait inefficace ; il est préférable, quitte à utiliser le projecteur, de le diriger vers la passerelle du navire auquel on veut se signaler.

Le point et la route

Faire le point de nuit

La nuit lorsque l'on s'éloigne de la côte, la plupart des lumières s'estompent et se confondent dans une sorte de brouillard lumineux qui souligne l'horizon. Bientôt ne subsistent plus que les principaux feux du balisage. Les alignements se font rares, on ne peut plus espérer raisonnablement en trouver deux en même temps pour se situer. Faire le point par relèvement s'avère la seule solution possible pour se situer.

Qu'on le fasse de jour ou de nuit, ni le principe ni la méthode ne changent. Faire le point c'est toujours :

- prendre des relèvements ;
- les corriger de la valeur de la déclinaison ;
- porter les relèvements sur la carte ;
- et critiquer le résultat.

Notre propos, ici, n'est pas de traiter la manière dont on fait le point avec deux ou trois amers. Le lecteur est supposé connaître cette technique élémentaire de navigation, sinon nous l'invitons à se reporter au *Cours des Glénans* ou à *La Navigation côtière*, « Guides Glénans ». Nous nous bornerons à commenter les spécificités de cet exercice la nuit.

Remarquons cependant que le point de nuit est généralement plus précis et que la difficulté que l'on a pour identifier des amers de jour est beaucoup moins grande la nuit. En effet, de jour, rien ne ressemble plus à une tête de roche qu'une autre tête de roche, à une balise qu'une autre balise, à une colline ou à un cap une autre colline ou un autre cap. De nuit les phares disent leurs noms : il suffit de reconnaître leurs caractéristiques : types, couleurs, périodes et rythme.

Relever un feu

Prendre le relèvement d'un feu, c'est mesurer l'angle sous lequel on voit cet amer par rapport à une direction de référence, qui est le Nord. La mesure s'effectue à l'aide du compas de relèvement, compas que l'on peut tenir à la main et qui comporte un viseur et un prisme : on vise le feu et on lit dans le prisme la valeur d'angle indiquée sur la rose.

Autant dire tout de suite que cette mesure n'est pas très précise, surtout lorsqu'elle est prise du pont d'un petit bateau. Elle l'est d'autant moins que la mer est plus agitée... Il faut envisager la possibilité d'une erreur de ± 1° par calme plat, de ± 2° par temps moyen, et facilement de ± 5° par gros temps.

Pour réduire autant que possible cette marge d'erreur, il est bon, tout d'abord, d'apprendre à utiliser correctement le compas de relèvement. L'essentiel est de ne pas se fatiguer pour rien : si l'on porte d'abord le viseur de l'instrument devant son œil et que l'on balaie ensuite l'horizon à la recherche du feu, on en a vite plein le bras. Mieux vaut opérer dans l'ordre suivant : repérer le feu ; se mettre le compas à la hauteur du menton et attendre que la rose se stabilise ; fixer le feu, amener la visée du compas devant son œil, et lire.

Les compas de relèvement sont généralement équipés d'un éclairage interne (petite ampoule au trisium ou pastille phosphorescente) qui permet de lire les graduations de la rose. Il ne faut pas se servir d'une lampe de poche qui risque de dévier le compas et d'éblouir son utilisateur.

Naviguer avec les secteurs des feux

C'est un des gros avantages de la navigation de nuit que de pouvoir, grâce aux secteurs des feux, déterminer des zones de navigation dans lesquelles on pourra évoluer sans danger, c'est généralement le cas des secteurs blancs ; des zones de navigation dangereuses qu'il faudra éviter, ce sont les secteurs rouges ou verts ; attention cependant, la couleur des secteurs n'obéit pas toujours à un code univoque. Il arrive que des secteurs blancs couvrent certains dangers et qu'au contraire des secteurs verts n'en comportent aucun. Dans tous les cas l'on se référera à la carte qui doit demeurer le seul juge de paix.

Certains feux, dans les entrées de ports en particulier, ont même des secteurs directionnels très étroits qui délimitent de véritables « chemins » dans lesquels les bateaux se font guider pour franchir des passes étroites et atteindre leur mouillage.

Avec un peu d'expérience on sera vite tenté d'affiner encore davantage sa navigation en utilisant la limite entre deux secteurs. Il faut se méfier car si cette limite apparaît sur la carte comme un trait de grande précision, la réalité est bien différente. La limite des secteurs des feux est dans la plupart des cas sujette à caution. Le *Livre des feux* parle d'angle d'indécision de plusieurs degrés car le passage entre un secteur obscur et un secteur blanc ou entre un secteur rouge et un secteur vert se fait graduellement. De même, lorsqu'un feu est masqué par un accident du terrain, le relèvement auquel il apparaît ou disparaît dépend de la hauteur de l'œil de l'observateur.

Il n'empêche que l'utilisation judicieuse de ces secteurs des feux permet de naviguer sans soucis en se contentant de vérifier la route par des relèvements sur les autres phares de la zone.

Le soliloque de l'équipier de nuit[1]

Je suis le maintenant célèbre Jézéquel. Je viens de poser mon sac à bord d'un Glénans 7. 60 qui entame tout juste sa première saison de navigation et la non moins célèbre Sophie est à bord en qualité d'équipière. Elle a oublié les remparts de Fort Cigogne et a voulu faire escale à Saint-Nicolas avant de partir pour Lorient où son frère fait son service dans la Royale.

Ça y est ? Vous nous remettez ?

Dans une heure la nuit sera là et je me dépêche de donner mes instructions à l'équipage afin que nous quittions l'archipel des Glénans entre chien et loup pour éviter un appareillage dans l'obscurité totale. Avant toute chose, je m'attache à faire le tour du bateau pour vérifier que tout est en ordre.

À l'intérieur, les traces de nos agapes ont disparu et chaque chose a retrouvé sa place (à l'exception du paquet de raisins secs que Sophie vient de glisser dans la poche de sa veste de quart...).

Documents nautiques, carte de la zone, crayon aiguisé, gomme, règle Cras, compas à pointes sèches, compas de relèvement : à la table à cartes tout est bien rangé et à portée de main. Sur le pont, feux de route, veilleuse rouge sur le compas, projecteur aux pieds de Sophie qui a capelé sa brassière et croché le mousqueton de son harnais sur la ligne de vie, drisses et manœuvres de pied de mât en bon ordre... Tout me semble clair ; nous sommes parés.

Sophie a pris la barre. Après avoir doublé la perche cardinale Est de Bananec et arrondi la Tête de Mort, nous sortons de l'archipel par Pen-a-Men. Le phare de Penfret vient tout juste de s'allumer.

Avec Sophie à bord et son marin de frère qui nous attend, il ne s'agit pas de se « planter » sur cette navigation toute simple !

La brise de terre ne s'est pas encore établie et je profite d'un petit vent synoptique de Noroît de 7 à 10 nœuds (force 3). Je pense donc naviguer à une allure portante assez rapide, sans dérive due au vent et surtout avec une assiette favorable pour le navigateur.

Où il est question de compter les moutons

25 milles séparent la citadelle de Lorient du phare de Penfret et je pense raisonnable d'envisager une navigation de 4 à 5 heures pour y arriver.

La route directe (au 110°), entre Penfret et Groix, me fait passer sur les hauts-fonds de Basse Jaune. Un plateau rocheux de piètre réputation : la mer

1. Voir le « Soliloque du pilote » dans le *Cours des Glénans*, Éd. du Seuil, 1991, p. 878, et le « Soliloque du navigateur embrumé » dans *La Navigation côtière,* coll. « Guides Glénans », Éd. du Seuil, 1992.

y creuse rapidement un mauvais clapot et la tête de roche cotée à 0,30 m au-dessus du zéro des cartes représente un réel danger. Elle est balisée par une bouée cardinale Est lumineuse. Mais la portée de ce feu est faible et je risque de l'apercevoir un peu tard. Mieux vaut s'écarter le plus rapidement possible de la route directe.

Deux stratégies s'offrent à moi. Je pourrais contourner Basse Jaune par le Sud. Le feu auxiliaire de Penfret serait dans ce cas une aide précieuse. Il s'agit en effet d'un feu directionnel scintillant blanc qui couvre le passage entre Basse Jaune et les dangers du Sud-Est de l'archipel. Il me suffirait de garder ce feu auxiliaire bien visible dans mon sillage pour me mettre à l'abri de tout danger. En plus, avec ce vent de Noroît, je serais portant... Décidément l'option est tentante.

L'autre possibilité me conduit à passer au Nord de Basse Jaune. En tirant un bord sur la pointe de Trévignon pour me dégager il me suffirait, après trois milles de navigation au bon plein, de laisser porter. L'examen de la carte et du Livre des feux m'apprend que le phare de l'île aux Moutons possède lui aussi un feu auxiliaire à secteurs, renforcé s'il vous plaît et même synchronisé avec le feu principal. C'est tout à fait ce qu'il me faut ! En naviguant au 050° au départ de Pen-a-Men, je rentrerai dans ce secteur au bout de 3 milles et je pourrai dès lors abattre pour garder ce feu dans mon sillage. Sa portée de 24 milles me permettra de le voir très longtemps, peut-être jusqu'à l'entrée du courreau de Groix.

Cette deuxième solution, même si elle allonge légèrement la route, me convient davantage. En effet, elle me permet de rester plus près de la côte, donc de profiter de la brise de terre qui ne manquera pas de se lever dans le courant de la nuit.

Je dispose d'une multitude de phares (j'en ai recensé une bonne vingtaine entre Concarneau et l'île de Groix). En fait je ne me servirai que des plus puissants : Penfret que j'identifie sans aucun doute, Trévignon que Sophie semble avoir déjà repéré sur bâbord (ses secteurs permettront de contrôler la progression de notre route), les Moutons qui constitue la pièce maîtresse de cette navigation, et bien sûr Pen Men, sur l'île de Groix, qui apparaîtra très légèrement sur notre tribord.

Où l'on apprend que les raisins secs ne valent rien pour le navigateur

Il est 21 h 45. Cette sortie de l'archipel m'a donné le temps de compléter mon livre de bord et de noter sur un carnet les caractéristiques de ces principaux phares avec lesquels je vais devoir travailler. J'ai trouvé des choses très intéressantes, en particulier des feux synchrones (très faciles à voir) pour le chenal d'entrée à Lorient ainsi que de nombreux feux à secteurs sur la côte : Trévignon, Beg ar Vechen et la pointe du Talut.

J'ordonne à Sophie une route au 050° et lui précise qu'elle devrait voir dans le cap un feu blanc à occultations – Trévigon (3 + 1) Occ. 12 s. La réponse ne se fait pas attendre : « J'en vois plein ! »

Bigre... Si Sophie veut me faire prendre des vessies pour des lanternes, la nuit risque d'être longue. Je me cale dans la descente et scrute l'horizon sous le foc. Elle a raison, il y a beaucoup de lumières dans le cap mais ce sont celles du port et des habitations environnantes. Parmi elles, on distingue parfaitement le feu en question. Plus puissant que les autres, il s'éteint de temps en temps et je reconnais facilement son rythme. Sur bâbord le feu de l'île aux

Moutons est bien visible. Je note que pour le moment il est rouge. Sophie n'a rien vu de tout cela. Comme quoi, l'on ne peut pas barrer, manger des raisins secs, faire la conversation avec le coéquipier de quart et en plus s'occuper de la navigation. Dans un peu moins de trois milles et en un peu plus d'une demi-heure (le loch affiche 5 nœuds), nous entrerons dans le secteur renforcé des Moutons. J'explique tout cela à Sophie et à l'équipier qui partage les raisins secs avec elle et leur demande de me prévenir dès que le phare des Moutons changera de couleur.

Le vent faiblit. Un petit chalutier du Guilvinec ou de Concarneau semble se diriger vers nous. On aperçoit son feu vert mais très vite nous comprenons qu'il nous croisera sur le devant de notre route. Je reste attentif cependant à un éventuel changement de cap, de sa part... ou de celle de Sophie.

22 h 10. Sur le pont une conversation s'engage qui attire mon attention.

« J'ai l'impression qu'il n'est plus très rouge.

– Tu crois ?

– Regarde, il est de plus en plus pâle. »

Si c'est du phare des Moutons dont il est question, je parierais volontiers que nous entrons dans son secteur blanc. Je pointe la tête par la descente et prends un relèvement sur le feu qui semble effectivement virer au blanc. 295° indique le *Mini Morin*. Pas de doute, le *Livre des feux* signale que le secteur blanc du feu principal commence au relèvement 292° (292° + 5° de déclinaison). Nous entrons dans le secteur blanc.

Inutile de continuer notre route au 050°. Je demande que l'on abatte franchement pour prendre un cap au 105° en précisant au barreur que ce cap correspond au moment où le phare des Moutons sera visible dans le milieu du sillage. Je note l'heure exacte et recommande à nouveau de bien surveiller les éventuels bateaux qui croiseraient ou pêcheraient dans les parages.

Je me replonge à la table à cartes et essaye d'anticiper la suite de cette navigation. Le cap au 105° doit me conduire exactement sur la pointe du Talut qui, avec son feu à secteurs, signale la côte Nord du courreau de Groix. Sophie ne manquera pas de le voir dans le cap. À l'aide des feux de Trévignon, Port Manech, Brigneau et Doélan je vais pouvoir contrôler ma progression dans l'Est. Et puis le feu de Pen Men (Groix), s'il ne l'est pas déjà, ne va sûrement pas tarder à être visible, légèrement sous le vent de la route.

23 heures : l'équipier me signale qu'il ne voit plus le feu de Trévignon et Sophie aperçoit sous le foc un feu scintillant blanc. La carte indique en effet un secteur obscur dans le Sud de Trévignon (le feu est masqué par le petit château de la pointe). Quant à ce feu scintillant, il ne peut s'agir que de la bouée de Basse Jaune qui doit être à 2 milles dans le Sud. Rien d'anormal donc, mais j'avais raison de penser que cette bouée ne serait pas très visible.

0 heure : après avoir molli, le vent s'est relevé au Nord et souffle maintenant à force 3. La brise de terre s'établit peu à peu. Sophie se délecte car les odeurs des pinèdes et des ajoncs des pays de Moëlan et de Clohars lui parviennent par bouffées. Le feu de Port Manech est bien visible et a remplacé celui de Trévignon que la côte masque définitivement. Sous le vent, le feu de Pen Men est apparu : 4 éclats toutes les 25 secondes ; nous n'avons eu aucune difficulté pour l'identifier. Derrière nous, le feu de Penfret commence à s'estomper alors que le feu des Moutons reste très puissant. En fait, nous sommes entrés dans le secteur renforcé du feu auxiliaire directionnel. Avant

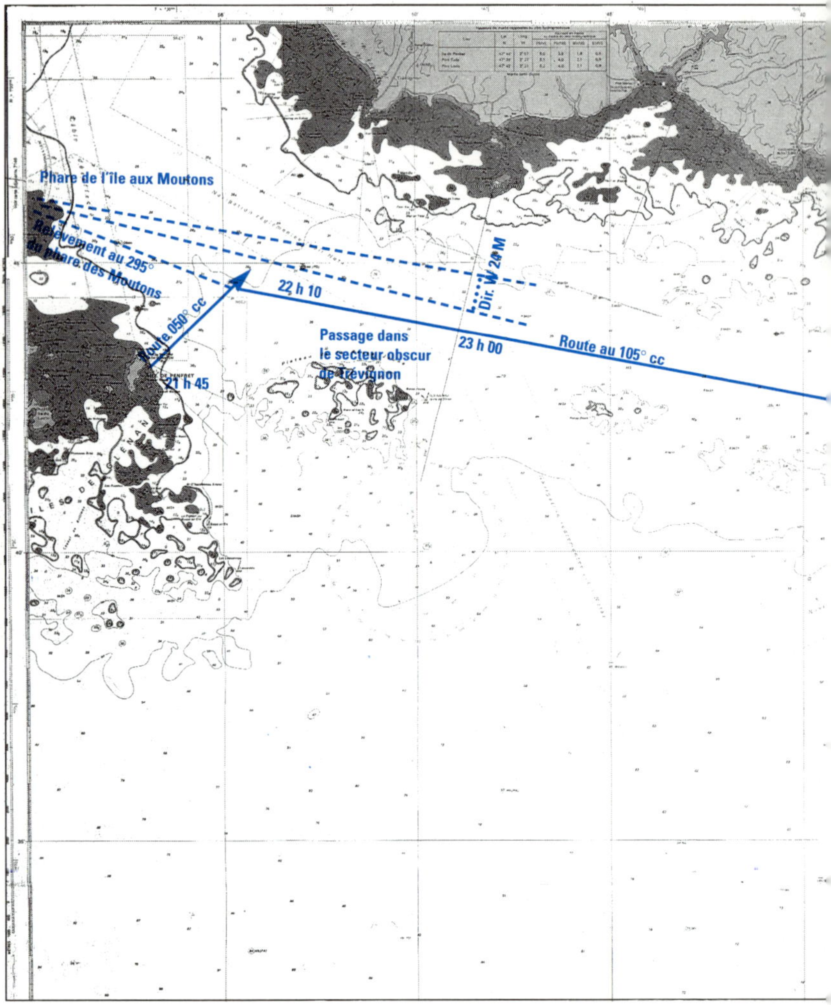

que Penfret ne disparaisse complètement, je confie le compas de relèvement à l'équipier en lui demandant de me donner Groix, Port Manech et Penfret. Le point que j'obtiens est assez précis, d'autant que le fait d'être dans le secteur renforcé des Moutons me permet de l'affiner d'avantage. Pour le moment aucune correction de cap ne s'impose.

1 heure : Sophie vient de finir ses raisins et a laissé la barre à l'autre équipier. Le bateau marche bien, nous frôlons les six nœuds. Dans le cap on distingue de mieux en mieux le feu de la pointe du Talut et en arrière-plan la lueur caractéristique de Lorient. Pen Men est de plus en plus puissant. Tout à l'heure j'ai fait un point au moment où nous sommes passés du secteur rouge au secteur blanc du petit feu de Brigneau. La limite de deux secteurs, même peu précise (c'est le fameux angle d'indécision dont parle le *Livre des feux*), m'a néanmoins permis de faire un point satisfaisant avec un relèvement sur le feu de Doélan et un autre sur celui de la pointe du Talut juste dans le cap. J'ai ainsi pu vérifier que notre vitesse est passée à plus de six nœuds, presque 7.

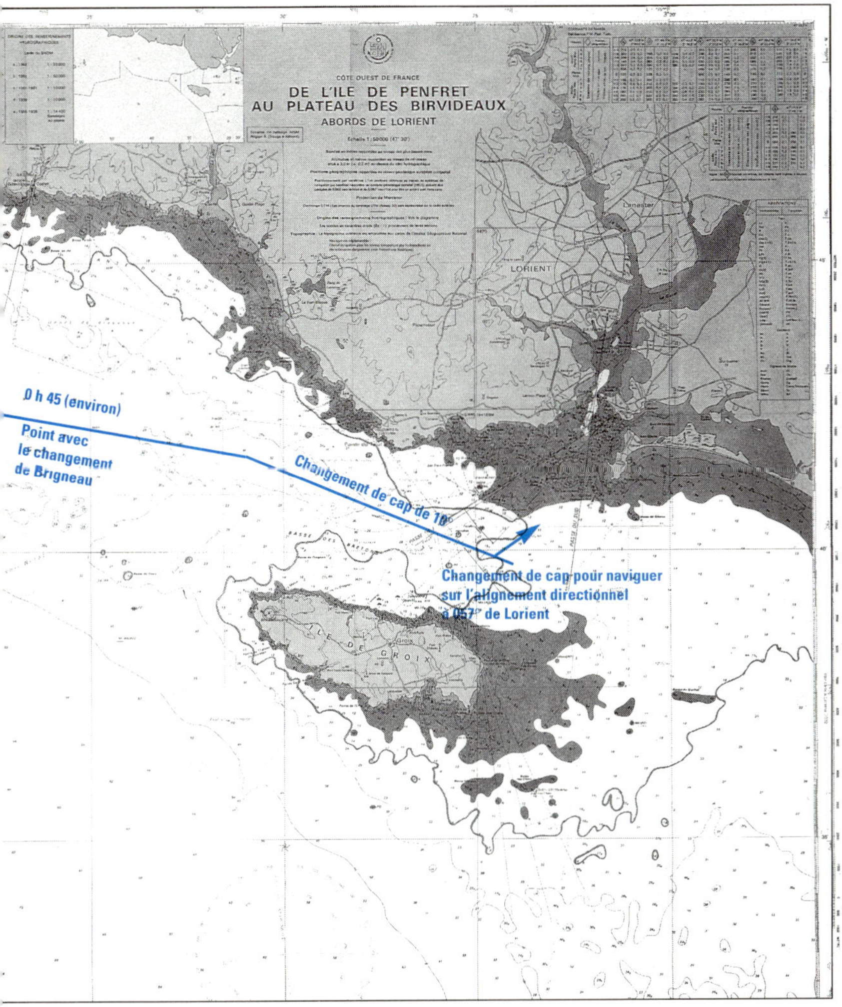

À cette allure, je dois me présenter au banc des Truies à mi-marée de flot ; Tant mieux ! Le courant me poussera à plus de 3 nœuds en passant la citadelle de Port-Louis. Le cartouche de la carte n° 7031 m'indique que j'ai 3 mètres d'eau à mi-marée. Ce renseignement devrait me permettre d'éviter de procéder au calcul des hauteurs d'eau pour cette entrée de port. La lecture des *Instructions nautiques* m'apprend, outre les commentaires sur les courants de jusant et de flot, le pilotage et les mouillages d'attente, que la bouée du Banc des Truies, Scint. B. (9) 15 s, sert de rendez-vous au pilote. Moi qui voulais être discret !

1 h 30 : L'entrée dans le courreau de Groix se précise. J'ai demandé que l'on abatte de 10° afin de garder un peu de marge par rapport à la côte. Je contrôle notre route par des relèvements sur Pen Men et sur le Talut. Mon objectif est maintenant de venir chercher l'alignement directionnel de la passe Ouest à la hauteur des bouées A2 et « L » du banc des Truies, toutes deux éclairées.

Où il est question de ne pas se laisser éblouir
Mais la carte indique une quantité invraisemblable de feux : près d'une vingtaine pour baliser les deux passes, plus ceux de Groix et ceux des bateaux qui croisent dans cette zone ; car il semble bien que, même à cette heure avancée, nous ne soyons pas seuls dans les parages... Je n'aurai jamais le temps de tout identifier, de tout expliquer à Sophie, de tout surveiller, de tout retenir. Un tri s'impose.

Mes deux certitudes sont Pen Men et le Talut ; ce dernier changera de couleur (du blanc au rouge) à la hauteur des bouées qui m'intéressent. Les feux des jetées de Port Tudy m'offrent une troisième certitude car il serait vraiment difficile de se tromper sur l'identification de ces feux vert et rouge, côte à côte, que j'aperçois sous le vent sur un fond de lumières qui ressemble à s'y méprendre à ceux d'un petit village du bord de mer. Une série de trois points successifs sur ces trois amers me permet de corriger le cap en abattant légèrement afin de croiser au plus vite l'alignement des deux feux directionnels et piquer vers l'entrée de la passe Ouest.

Maintenant on distingue parfaitement, dans le lot de feux, deux d'entre eux, nettement plus rapprochés ; l'un rouge, l'autre blanc ; l'un scintille, l'autre lance des éclats : nous avons dans le cap les deux premières bouées de la passe Ouest. Nous n'avons même pas le temps de vérifier le passage au rouge du feu de la pointe du Talut que l'alignement directionnel à 057° nous saute aux yeux. Le temps de border les voiles et de loffer légèrement pour se maintenir sur ce cap, et les deux premières bouées sont dans le sillage.

Encore une fois, le fait d'avoir trouvé l'alignement directionnel de la passe Ouest est une excellente chose. J'ai vérifié le cap, nous naviguons bien au 060° et les feux correspondent parfaitement à ce qu'indique le *Livre des feux* : deux directionnels scintillants, parfaitement synchrones. Il n'y a aucun doute possible. Maintenant l'identification des autres feux, ceux qui balisent le banc des Truies en particulier, devient superfétatoire. L'alignement de la passe longe de près les bouées rouges A4, A6 et A8 ; il suffit de contrôler notre progression à chaque passage. Une chose m'étonne cependant : j'ai cherché, mais en vain, le feu blanc à occultations de la pointe de La Croix, à l'autre extrémité de l'île de Groix. En fait (j'en aurai la confirmation le lendemain matin), un navire marchand, sans doute un petit pétrolier mouillé en rade, me l'a masqué de son imposante masse.

Après la bouée A8 il faudra loffer davantage et, probablement, nous serons obligés de tirer des bords de part et d'autre de l'alignement des feux de l'île Saint-Michel.

Je montre à Sophie le feu de la citadelle (V. Occ. 4 s) à l'accore des remparts de la vigie de Port-Louis (les trois feux verts superposés au-dessus de la vigie indiquent qu'il n'y a pas d'interdiction d'entrer) et celui de la Petite Jument (R. Occ. 4 s) qui lui fait face. Il s'agit de passer entre les deux.

Je quitte l'alignement à 057° et louvoie tant bien que mal vers la citadelle. La bouée A8 dotée d'un feu rouge à éclats est facilement repérable mais les bouées de l'Écrevisse du Toulhars (latérale bâbord) et de la Jument (latérale préférentielle bâbord) sur l'Ouest du chenal constituent autant de dangers non éclairés. Sur l'Est, il me faut parer la Paix, la Potée de Beurre et le Pain de Sucre.

L'idée de rejoindre les deux feux de l'île Saint-Michel (2 feux Dir. V. 3 Occ. 12 s synchronisés) pour déborder tous ces dangers serait bonne si je n'étais pas bout au vent ; louvoyer de part et d'autre de la belle droite tracée sur la carte me semble plus facile à réaliser dans le carré que sur l'eau. Cela dit je ne suis pas très inquiet car les lumières de la ville dissipent de plus en plus les mystères de la nuit. On distingue maintenant le pied des remparts de la citadelle et les tourelles que je redoute sont également visibles dans la pénombre de leurs feux. Pour rester en eaux saines, je vais cependant prendre un relèvement de sécurité. Ainsi, si je relève la Jument à moins de 028° d'un côté et la citadelle à plus de 018°, je m'inscris dans un cône sûr qui contient l'alignement des feux synchrones de l'île Saint-Michel.

Où il est question de ne pas faire d'impair dans la passe

Lumière ! Le matelot de quart à la vigie vient d'allumer son puissant projecteur et la passe est tout éclairée. Il a dû voir un écho sur son radar de contrôle et procède ainsi à son identification visuelle. Sophie a déjà conclu que le matelot est son frère, ou bien un sien collègue à la barbe courte et à l'œil bleu que son frère ne manquera pas de lui présenter demain au changement de quart.

Nous doublons enfin la citadelle et le projecteur s'éteint. Grâce au Cochon (E. R. 4 s) dont je ne dépasse pas le relèvement au 014°, je pare le Pot. À l'Est, je dois éviter la bouée verte n° 1. Je ne sais pas trop comment faire... Je vais tout simplement demander à Sophie de la chercher grâce à son projecteur et de l'éviter (le voyant ou le corps de la bouée est équipé d'une bande rétroréfléchissante verte ou blanche). Après un dernier virement de bord nous nous retrouvons devant le port de plaisance de Kernevel. Nous franchissons l'entrée, à l'extrémité Nord du ponton brise-clapot.

2 h 45 : les amarres viennent d'être tournées sur le ponton visiteur. Sophie n'a pas attendu la fin de la manœuvre pour rejoindre son duvet.

Nous apprendrons le lendemain que cette navigation était pour rien : son frère avait quitté Lorient deux jours plus tôt à bord d'un patrouilleur pour une mission de trois semaines dans le golfe de Gascogne.

Le lecteur attentif n'aura pas manqué de remarquer qu'à ce stade de la navigation Jézéquel commet une erreur. Il aurait dû préciser à Sophie de ne pas éblouir tout le monde avec son projecteur, en lui recommandant en particulier de le tenir au-dessus de l'eau. Signalons aussi que les projecteurs à verre plat sont moins agressifs et qu'un petit bricolage consistant à confectionner un cache comme les pare-soleil des apppareils photos est une excellente solution.

C H A P I T R E

4

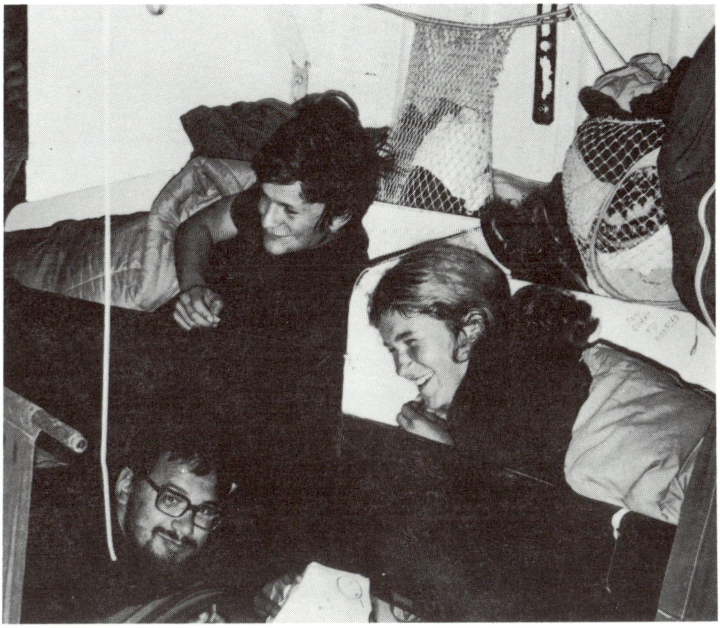

Vivre la nuit

Toutes les nuits de navigation devraient commencer de la sorte : la bordée de quart au coucher du soleil fait le tour du pont, vérifie que chaque chose est à sa place et bien saisie, ramasse tout ce qui traîne...

Le propre de la nuit est d'engendrer la confusion ; elle s'approprie les territoires familiers, les parsème d'embûches. Il faut le savoir ! Et s'organiser en conséquence.

Organiser, voilà un point essentiel.

Organiser l'équipage, faire tourner les quarts, définir les rôles de chacun. Nous verrons tout au long de ce chapitre que la nuit a ses rites et qu'il faut s'y tenir. Ceux qui prennent le premier quart de nuit s'équipent, sortent les brassières et les lampes, prévoient leur casse-croûte et le placent en lieu sûr, à portée de main. Les autres vont dormir. Le chef de bord donne ses consignes et va dormir aussi, si les conditions s'y prêtent : il vaut mieux qu'il soit disponible pour les heures difficiles du petit matin...

Organiser le bateau, le cockpit et l'intérieur. Si tout y respire l'innocence, si les objets s'y tiennent cois, bien calés en fonction de la gîte actuelle, en principe, il n'y a pas à s'inquiéter. Mais, au cours de la nuit, le vent change, on vire de bord et l'on récupère les verres des jumelles d'un côté, la moutarde sans son verre de l'autre, on glisse sur la poire qu'on se gardait pour la soif et l'on réveille tout le monde pour retrouver la manivelle de cabestan que l'on était pourtant sûr d'avoir posée là !

Et puis la nuit commence, le silence s'installe. Et l'on se retrouve seul, fonçant dans l'inconnu et dans l'obscurité ! Obscurité qui en général est beaucoup moins noire qu'on ne le dit ! À condition de ne pas se laisser éblouir, bien sûr, et c'est un point important dont nous avons déjà parlé et dont nous reparlerons encore.

Nous verrons pourquoi la bordée descendante, malgré son impatience, ferait mieux de rester au grand complet sur le pont tant que la bordée montante n'est pas prête : c'est en général au moment où tout le monde est en pyjama qu'il se passe quelque chose. Nous dirons l'importance de bien passer les consignes et d'exécuter les manœuvres « comme c'est écrit dans les livres », sans fioritures, et sans inventer de variantes de dernière minute ; la routine a du bon, la nuit : elle permet de narguer les monstres qui rôdent dans l'ombre cherchant qui dévorer...

Dévorer ce pauvre Jonas que nous avons repris à la baleine pour expliquer ce risque majeur qui fait aussi partie de la vie d'un équipage et qui hante toutes les navigations de nuit : l'homme à la mer.

Connaître ce risque, savoir le prévenir et être capable d'envisager le pire est sans doute la première étape permettant de naviguer sereinement.

Être bien

L'organisation des quarts

La navigation de nuit s'inscrit dans un certain rythme de croisière où les escales se font plus rares, intercalées entre des étapes de longue haleine. En choisissant de faire de la route on doit aussi apprendre l'endurance. Il faut donc établir un roulement, de telle sorte qu'une partie de l'équipage se repose pendant que les autres s'occupent de la conduite du bateau sous tous ses aspects : on répartit les équipiers en bordées qui prennent le quart à tour de rôle, de jour comme de nuit.

La composition des bordées peut varier selon le type de croisière que l'on effectue, le nombre d'équipiers dont on dispose, leur vigueur et leur compétence. Cette compétence, on le sait, est rarement complète. Tel équipier règle bien les voiles mais n'est pas très fort en navigation, tel autre veille mieux qu'il ne barre, celui-ci est myope et celui-là très sujet au mal de mer : il importe avant tout de créer des bordées homogènes, avec des équipiers aux aptitudes complémentaires. En dehors de cette exigence, il n'y a aucune règle absolue. Tant mieux si l'on est assez nombreux pour constituer trois bordées, mais c'est rare. Tant mieux si l'on est assez compétents pour faire des équipes de deux équipiers seulement, mais c'est souvent un peu juste. On peut concevoir des bordées fixes ou préférer des bordées mobiles avec rotation des équipiers : au cours d'une longue traversée, il est souvent souhaitable de ne pas avoir toujours les mêmes visages en face de soi !

Les quarts eux-mêmes peuvent être de durée variable. On peut envisager un roulement immuable, ou au contraire une rotation des horaires, de telle façon que ce ne soit pas toujours les mêmes qui assurent le quart le plus dur, celui de la fin de la nuit.

Bref, on peut tout imaginer, et c'est à chacun de trouver le système qui lui convient. Signalons toutefois que l'organisation la plus classique, que l'on retrouve à peu près dans toutes les marines du monde, est celle des quarts de quatre heures, avec deux « petits quarts » de deux heures l'après-midi pour assurer la rotation de l'horaire, précisément.

Dans cette organisation, le chef de bord occupe souvent une place à part. Lorsqu'il y a assez de monde à bord pour constituer des bordées homogènes, il est préférable qu'il soit hors quart. Cela lui permet de conserver la « vue d'ensemble » nécessaire à la bonne marche de la croisière, et surtout d'être disponible à tout moment en cas de nécessité. Le fait d'être hors quart, loin d'être un privilège, signifie en somme que le chef de bord est taillable et corvéable à merci. On doit pouvoir compter sur lui dans les moments difficiles, et donc souvent la nuit : il peut souhaiter être réveillé à chaque changement de quart, ou pour remplacer un équipier défaillant, ou dès qu'une manœuvre réclame sur le pont la présence de plus de deux paires de bras... Dans cette perspective, il est évident qu'il doit penser à dormir chaque fois que c'est possible et donc souvent de jour. Il ne dormira vraiment bien d'ailleurs que s'il a la certitude qu'on le réveillera à la moindre alerte. Il a le droit de l'exiger ! Tant pis s'il est réveillé cinq fois de suite pour rien, du moment qu'on le réveille aussi lorsqu'il se passe vraiment quelque chose. Les meilleurs chefs de bord prétendent, non sans humour, qu'ils ne dorment jamais... mais qu'ils se reposent tout le temps ! Les plus hypocrites précisent qu'ils ne se reposent pas mais qu'ils récupèrent...

Le roulement des quarts, la vie « en pointillé » du chef de bord : on imagine bien que cela crée, à bord d'un bateau de croisière, une ambiance assez particulière. Les trois quarts du temps, il y a des gens qui dorment. Si l'on veut tenter de décrire une journée ordinaire en mer, on dira d'abord que le petit matin est généralement silencieux. Ceux qui viennent de prendre le quart s'activent sans mot dire, de vagues odeurs de petit déjeuner pris à la hâte flottent dans le carré ; chacun est encore un peu replié sur soi, observant à son insu l'une des recommandations essentielles *(De taciturnitate)* de la règle des moines. Une légère agitation commence à se manifester autour de 10 heures, avec l'apparition d'un petit creux dans les estomacs. Le « saucisson-muscadet » vient à point nommé pour créer l'ambiance, et jusqu'à midi c'est une période d'intense vie sociale, on vaque à différents travaux, il y a l'importante affaire de la préparation du repas, puis le repas lui-même, qui est le moment fort de la journée.

Tout de suite après, ceux qui ne sont pas de quart vont faire la sieste, une certaine torpeur s'installe, c'est à nouveau une période de silence jusqu'aux approches du goûter (de la « collation »), et l'animation reprend jusqu'au-delà du dîner. Puis ce sont les longues heures de la nuit, le calme en bas, le calme sur le pont où les gens qui veillent sont un peu figés, chacun poursuivant une méditation solitaire, non sans grignoter quelque chose de temps à autre pour passer le temps...

On pressent déjà que manger et dormir constituent, dans cette vie, des préoccupations essentielles ! Mais il faut aussi nettoyer et entretenir le bateau, et puis assurer la navigation, veiller, manœuvrer, de jour, de nuit. Comment faire pour concilier ces activités et mener chacune d'elles correctement ? On ne va pas bâtir une doctrine à ce sujet ; simplement donner quelques conseils élémentaires.

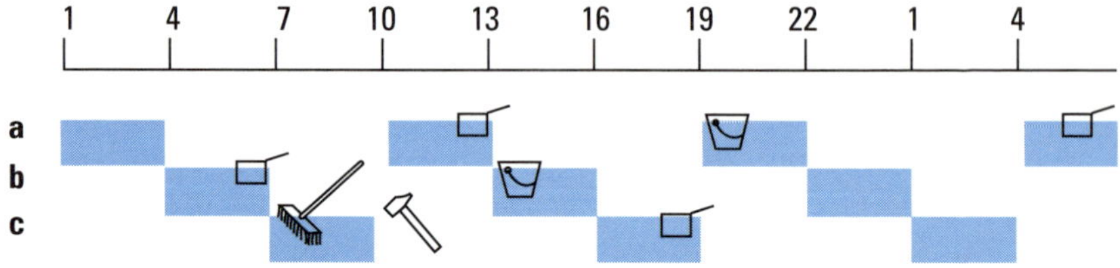

Roulement de quart pour 9 équipiers : 3 équipes de 3. Les servitudes (sauf l'entretien) de laquelle il faut pouvoir se reposer vraiment). Avec des quarts de 3 h, le roulement

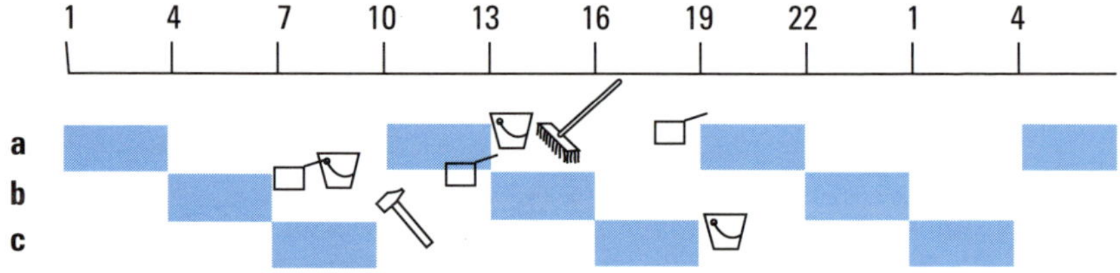

Roulement de quart pour 6 équipiers : 3 équipes de 2. Même principe de roulement navigation et les servitudes, celles-ci sont assurées hors quart.

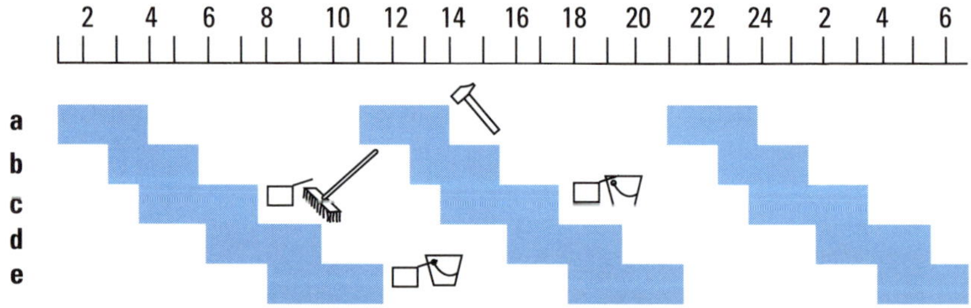

Roulement de quart pour 5 équipiers : 2 équipiers de quart avec remplacement équipier a 6 heures de repos et le roulement se décale automatiquement.

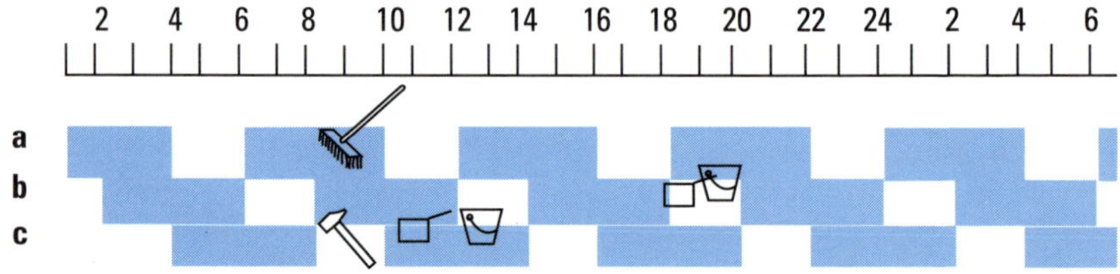

Roulement de quart pour 3 équipiers : 2 équipiers de quart avec remplacement décale pas et chaque équipier assure toujours la même servitude.

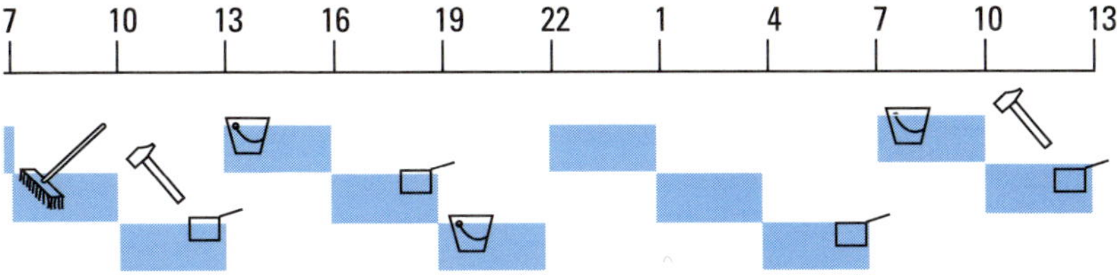

sont assurées pendant le quart (solution pour une croisière longue, au court
se décale d'un jour sur l'autre. Avec des quarts de 4 h, il est immuable.

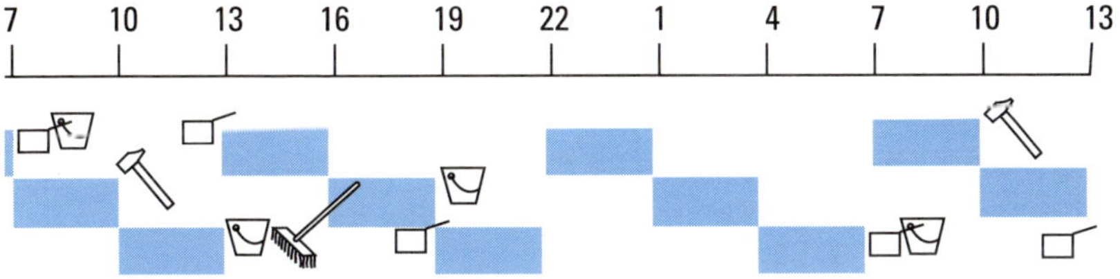

que le précédent. L'équipe de quart est trop réduite pour assurer à la fois la

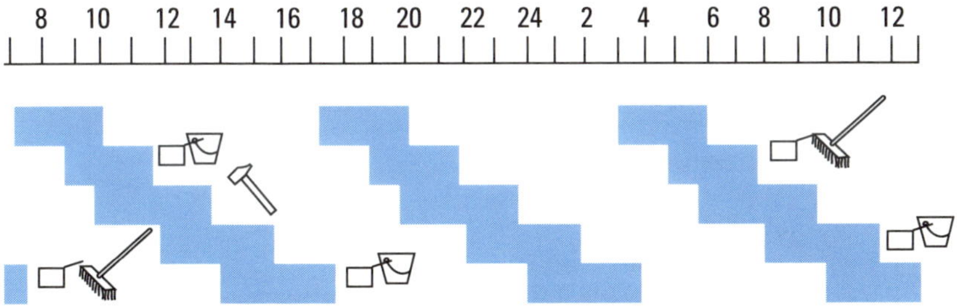

d'un équipier toutes les deux heures. Servitudes assurées hors quart. Chaque
Inconvénient du système : remue-ménage à bord toutes les deux heures.

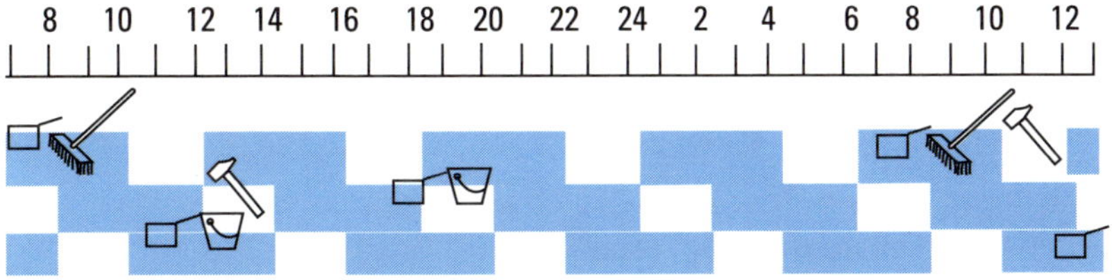

d'un équipier toutes les deux heures. Avec des quarts de 4 h, le roulement ne se
Les temps de repos sont très réduits : on ne peut tenir ce rythme longtemps.

Dormir

D'abord, il est fondamental que chacun ait sa dose de sommeil « réparateur » (l'expression prend ici toute sa valeur). Il faut créer les conditions pour l'obtenir.

Au début, le plus difficile est de modifier ses habitudes : se coucher à 8 heures du soir, alors qu'à terre, à cette heure-là, on entamait la partie la plus intéressante de la journée, cela fait drôle. On aura du mal à s'endormir. Et, le lendemain, on aura du mal à lutter contre le sommeil, surtout au petit matin et en début d'après-midi. Dans un premier temps, il importe donc de créer une ambiance paisible à bord à ces moments-là, en attendant que le bon rythme s'établisse.

Ce qui nuit à cette quiétude, c'est évidemment le bruit que fait la bordée de quart. Il y a ici tout un ensemble d'habitudes à prendre, des habitudes restrictives, bien sûr.

Il vaut mieux éviter, par exemple :

- de descendre dans la cabine toutes les cinq minutes parce qu'on a oublié quelque chose : un chandail, un casse-croûte, de l'eau, des pilules contre le mal de mer ;
- de chanter des tyroliennes et hurler des ordres sans nécessité ;
- de laisser traîner son mousqueton sur le pont (c'est pratiquement comme si l'on tapait sur la tête des dormeurs) lorsqu'on porte une brassière, ce qui devrait toujours être le cas ;
- d'utiliser les cabestans inconsidérément ;
- d'entreprendre des manœuvres ou des changements de voile qui ne sont pas absolument indispensables. Dans la mesure du possible, il est toujours préférable d'attendre pour cela le changement de quart : tout le monde est réveillé et il y a un plus grand nombre de bras disponibles.

Il convient également de faire une chasse attentive à tout ce qui bouge, tape, cogne, branle, vibre, grince, crisse, frotte, claque, ronfle, gargouille ou siffle inutilement. L'univers des petits bruits est immense. Nous n'y prenons pas garde le jour mais la nuit, dans l'atmosphère confinée d'un bateau, ils prennent des proportions démesurées et sont capables de rendre insomniaque le plus réputé des ronfleurs. Les conditions de silence étant réunies, il faut encore, pour bien dormir, être correctement installé. Si toutes les couchettes du bateau sont bonnes, tant mieux : chacun aura la sienne. Mais si, comme c'est souvent le cas, certaines couchettes sont un peu justes, pas vraiment faites pour être utilisées en mer, il serait sot de condamner quelqu'un à y habiter alors que les couchettes des gens de quart sont vides. Hormis le chef de bord qui, en raison de son rythme de vie particulier, a besoin d'une couchette personnelle, on a alors tout intérêt à adopter le principe de la « couchette chaude » – entendez : qui n'a pas le temps de refroidir entre le départ de l'équipier montant et l'arrivée de l'équipier descendant…

Une bonne toile de roulis, bien remontée, procure le confort et l'isolement souhaitables. Des boules dans les oreilles aident bien à oublier le monde extérieur.

En général, au bout de deux jours, il n'y a d'ailleurs plus guère de problème : durant les quarts de nuit interminables, on a tellement rêvé à sa couchette comme à un paradis inaccessible qu'on ne perd plus une occasion d'aller la retrouver, sans attendre ni vêpres ni complies...

La couchette

Au port, on dort royalement dans une couchette de 60 centimètres de large. En mer, il est impossible d'y fermer l'œil : elle est trop large pour que l'on puisse s'y caler confortablement. Le navigateur qui passe la nuit cramponné à son matelas a tout le temps d'évoquer le sort des malheureux alpinistes qui bivouaquent contre la paroi d'une face Nord...

Pour bien dormir en mer, il faut donc être bien calé, et il n'est pas du tout stupide d'arriver à bord avec un sac de forme très allongée, contre lequel, blotti, on passera des nuits heureuses. Mais l'idéal est de disposer d'une couchette réglable, luxe qui s'obtient à peu de frais au moyen d'une toile à roulis.

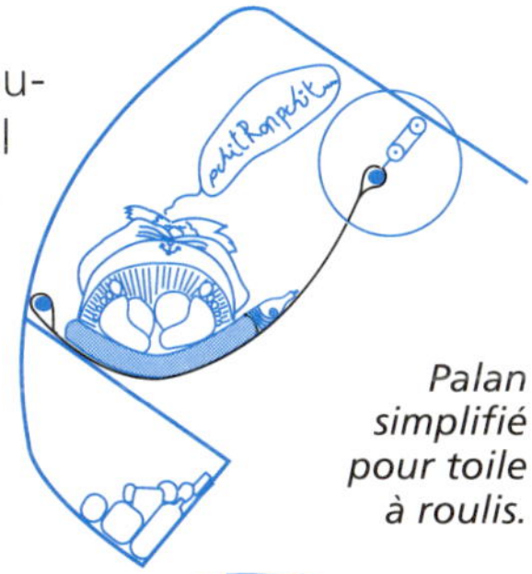

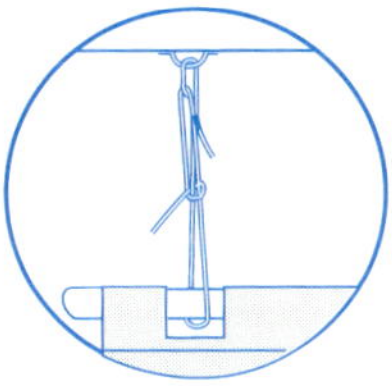

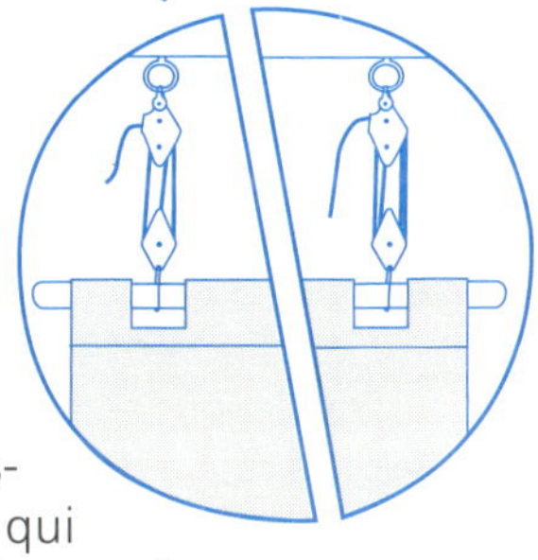

Palan simplifié pour toile à roulis.

Ce système est constitué d'un rectangle de forte toile, qui se fixe sur le fond de la couchette à l'aide d'un transfilage, passe sous le matelas et remonte vers le plafond. La toile est généralement terminée par un gousset dans lequel on glisse un bâton ; sur ce bâton sont frappés des bouts qui permettent de suspendre la toile à des pitons fixés dans le plafond. La toile doit remonter d'au moins 50 centimètres pour que le dormeur ne soit pas gêné par le bâton ; et il vaut mieux qu'elle monte presque jusqu'au plafond pour assurer un certain isolement et procurer un peu d'obscurité. Les pitons et les saisines doivent être très solides, car ils sont amenés souvent à supporter tout le poids du dormeur. Il est plus agréable d'avoir des saisines réglables en route pour, quand on est couché, adapter d'un geste leur longueur à l'allure du bateau et à l'état de la mer.

■ Le transfilage sur le fond de couchette doit être régulier, sinon la toile sera bosselée.

■ Chaque piton doit supporter au moins 80 kilos.

■ Une saisine fixe doit comporter deux longueurs : gros et petit temps.

■ Une saisine réglable faite d'un palan à trois ou quatre brins, c'est mieux ; si elle est munie d'un taquet coinceur, c'est le paradis.

Pour diminuer la largeur de la couchette, il suffit de raidir les saisines. C'est ce que l'on fait aux allures portantes, quand le bateau roule. Le matelas est alors à moitié suspendu et prend une forme concave ; on est bien calé. En revanche, lorsque la gîte est constante – au près, par exemple –, on relâche le transfilage et l'on se cale côté coque ou côté toile.

Le matelas lui-même ne doit pas être trop épais, de façon à ne pas amplifier les oscillations que lui communiquent les mouvements du bateau. Un matelas en mousse synthétique, enfermé dans une housse en toile plastifiée amovible, constitue sans doute la solution la plus commode : l'ensemble sèche facilement.

Pour la même raison, le sac de couchage lui-même doit être également en matière synthétique. Les duvets prévus pour camper dans l'Himalaya sont inutiles. En mer, on souffre surtout de l'humidité ; tant que l'on est bien au sec, on n'a pas froid.

Manger

« Qui dort dîne », apprend-on aux enfants qui ne veulent pas manger leur soupe. La navigation de nuit apporte la preuve du contraire et donnera peut-être l'occasion de se venger de quelques frustrations de jeunesse. Au début ou à la fin d'un quart rares sont les équipiers qui ne se découvrent pas un petit creux.

Et l'on est souvent surpris, au bout de quelques jours de mer, de constater l'énormité des petits déjeuners. Quelque part les marins sont des disciples de Gargantua ou de Pantagruel. Il n'y a pas de honte à cela.

Les en-cas

Il est utile d'avoir à bord de quoi grignoter pour calmer les fringales des quarts de nuit. Gâteaux secs, pain d'épices, fruits secs, charcuterie... sont généralement fort appréciés. Ces en-cas doivent être facilement assimilables et sans préparation préalable. Dans la cuisine on choisira un tiroir ou un équipet pour les ranger afin d'éviter d'avoir à les chercher un peu partout dans le bateau, en réveillant la bordée de repos. De même, les boissons chaudes, thé, café ou soupes instantanées sont toujours les bienvenues. En préparer une grande quantité en début de nuit et la garder au chaud dans un récipient isothermique limite également les activités de la cuisine et ne trouble pas le silence du bord. Si les goûts de l'équipage sont très hétéroclites (c'est souvent le cas !) on préparera seulement un grande quantité d'eau chaude et chacun y mettra le moment venu la poudre ou le sachet (café, chocolat, lait, thé, soupe, viandox...) qui lui convient.

Le petit déjeuner

... Lorsque sonnent matines, les gens de quart se révèlent en général pleins de sollicitude à l'égard de ceux qui vont les remplacer. Lorsque ceux-ci ouvrent l'œil, la mèche de la lampe a été un peu remontée, l'eau chante doucement dans la bouilloire, on s'active à préparer pour chacun ce qui lui fera plaisir. Pour un peu, on irait cueillir des fleurs.

Cette délicatesse, même si elle n'est pas désintéressée, crée l'ambiance qui convient au premier acte important de la journée : le petit déjeuner. En mer, il s'agit d'un repas qui n'a de petit que le nom : c'est probablement le plus important de tous, celui où il faut réellement refaire ses forces.

Il doit donc être appétissant, et pour qu'il soit appétissant il faut y trouver ce que l'on aime. On peut remarquer d'ailleurs que bien des gens, peu regardants sur la composition des menus principaux, tiennent ici farouchement à leurs habitudes. Café ou thé, ou chocolat, ou soupe, céréales, œufs, fromage, viande, peu importe : il faut ce qu'il faut. C'est en regardant quelqu'un dévorer son petit déjeuner, mal réveillé encore, qu'on peut le mieux imaginer l'enfant qu'il fut ! Après, mais après seulement, on redevient un grand garçon ou une grande fille, et l'on accepte de jeter un regard bienveillant sur le monde qui vous entoure.

Les quantités

Elles sont fonction de la composition de l'équipage : les costauds mangent plus que les jeunes filles, les Allemands plus que les Italiens et les camonnieurs plus que les docteurs. En fait il est bon de questionner l'équipage sur ses habitudes alimentaires en début de croisière pour ajuster les quantités. Cependant, la plupart des denrées qui composent le petit déjeuner et les en-cas ne sont pas périssables ; on ne craint rien à en prendre trop.

On s'apercevra également que l'appétit de l'équipage est généralement inversement proportionnel à l'échelle Beaufort. Le seul problème des repas en mer, c'est que le bateau bouge. Cela va bien encore tant qu'il fait beau, mais dès que le vent fraîchit tout se complique. Et l'on commence à faire des constatations utiles : par exemple, qu'il vaut mieux préparer ses tartines avant de remplir son bol de café ; après, c'est impossible ! Et qu'il serait bien commode d'avoir des napperons de papier antidérapants.

Pour cuisiner par temps frais, d'autre part, il faut avoir le cœur bien accroché, et surtout savoir que l'on s'expose à un risque grave : celui de s'ébouillanter. Il est indispensable que le cuisinier s'équipe sérieusement, mette des bottes et un pantalon de ciré : le pantalon par-dessus les bottes et non dedans, c'est évident !

Dès que la mer n'est plus très calme, il devient d'ailleurs dangereux d'utiliser des casseroles : seules la bouilloire et la marmite à pression sont encore fiables. En fait, il arrive assez vite un moment où les grands repas n'intéressent plus personne, on en vient aux casse-croûte. Nous l'avons dit, dans cette boulimie perpétuelle, le mauvais temps vient constituer une sorte d'entracte, où l'on se contente de grignoter bonbons, caramels, raisins secs, nougats, sucre d'orge, pâtes de fruits, noix, noisettes, cacahouètes et amandes.

CHAPITRE

5

La découverte du ciel

Une des grandes occupations de l'équipier de quart, quand la nuit est belle et la navigation sereine, est de plonger son regard dans les étoiles. Pour qui sait les reconnaître et qui sait l'histoire et l'origine de leur nom, la contemplation du ciel ajoute une autre dimension à la navigation de nuit. Certains y verront un pur plaisir esthétique ou intellectuel, d'autres plus pragmatiques y trouveront une aide précieuse dans leurs navigations et tous ceux qui ont tenu un cap à l'aide d'une étoile coincée dans les haubans ne dédaigneront pas d'y mettre des noms, surtout quand ils sont aussi truculents que Regulus, La Chèvre, Miaplacidus ou Sargas.

Et s'il arrive qu'un équipier de veille sur le pont se prend à rêver tout haut et à évoquer les distances effrayantes qui nous séparent des étoiles, alors cette nuit de navigation au clair de Lune nous plongera dans la plus grande perplexité. Réaliser que tout ce que l'on voit dans le ciel, c'est du passé, parfois fort lointain, et que l'étoile sur laquelle nous avons mis le cap est une lumière complètement périmée, n'est pas toujours facile à envisager pour nos esprits cartésiens. Songeons par exemple que l'éclat d'Altaïr met 16 ans à nous parvenir (quand on sait que la lumière parcourt 300 000 kilomètres à la seconde, 16 années-lumière, cela représente un bout de route). Celui d'Arcturus : 38 ans. Quant à celui de l'étoile Polaire, il est vieux de 470 ans…

Difficile de conserver toute sa sérénité lorsqu'on sait que l'on vient de fixer, durant toute la durée de son quart, une lueur qui date du début du XVIe siècle ; en provenance d'une étoile qui, après tout, n'existe peut-être même plus. Est-il vraiment urgent, réflexion faite, de gagner Belle-Île, Bréhat ou Port-Cros ? Et la dernière demi-heure de quart qu'il reste encore à faire nous semble-t-elle à ce point une éternité ? Nous ne tenterons même pas de répondre à ces questions. Nous essayerons seulement, en apportant quelques éclaircissements sur ce ciel étoilé, de mettre un peu d'ordre dans nos esprits perturbés…

Les anciens considéraient le ciel comme une voûte, solide et ferme (un « firmament »), sur laquelle étaient accrochées les étoiles, astres fixes les uns par rapport aux autres. Cette idée convient parfaitement à qui veut tenter de se repérer dans le ciel et au-delà, à qui veut s'essayer à la navigation astronomique : nous considérerons nous aussi que les étoiles sont situées à la surface d'une immense sphère, que l'on nomme sphère céleste et dont la Terre est le centre. Cette sphère fait à peu près un tour par jour autour de la Terre, dans le même sens que le Soleil. Les étoiles sont fixes et sont partout, y compris dans le ciel de la journée (éblouis par le Soleil nous ne pouvons les voir) ; les astres errants (Soleil, planètes, comètes...) se déplacent à la surface de cette voûte.

La Lune

À tout seigneur tout honneur : la Lune est de loin le plus gros point lumineux du ciel nocturne. Elle occupe une position à part

■ Les phases de la Lune

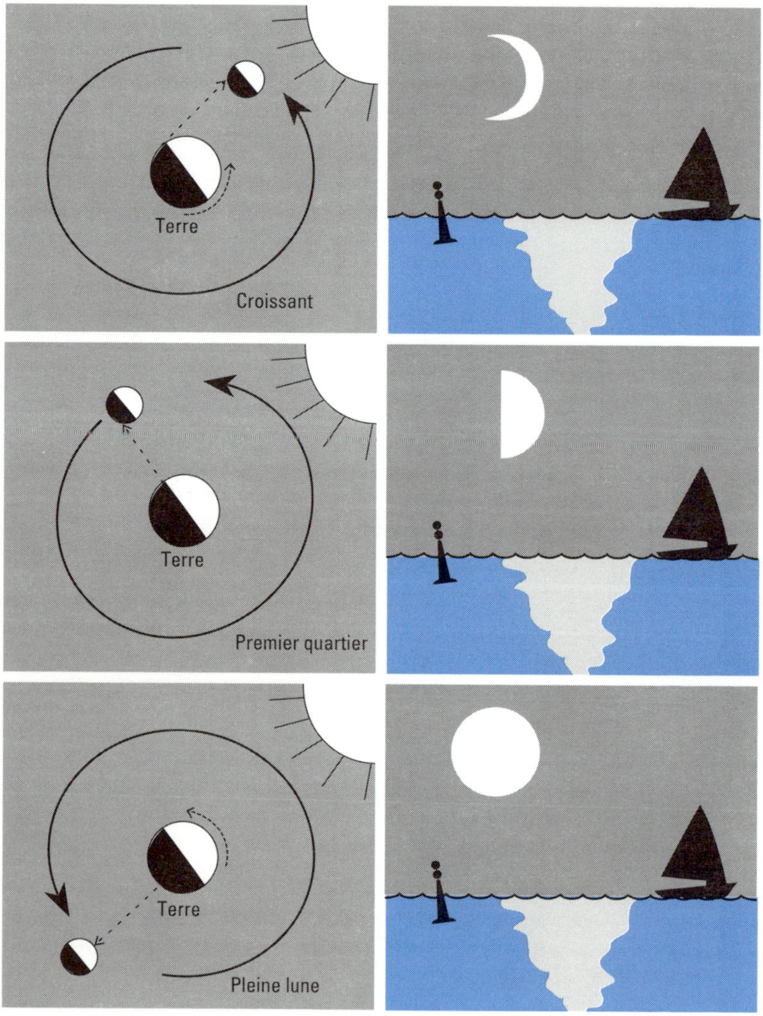

puisque, comme chacun le sait, elle est en orbite autour de la Terre et son influence dans bien des domaines est considérable. Elle est aussi la première conquête de l'Homme dans le ciel : le 21 juillet 1969 l'astronome américain Neil Armstrong posait pour la première fois le pied sur la Lune.

La Lune est une marchande d'illusions : elle semble être aussi grosse que le Soleil, elle paraît courir derrière lui, et tout cela est d'une fausseté incroyable. D'abord, elle est toute petite, cinquante fois plus petite que la Terre ; si nous la voyons si grosse, c'est parce qu'elle est vraiment très proche de nous (« c'est une province terrestre », dit Camille Flammarion). Ensuite, bien loin de courir d'Est en Ouest, elle

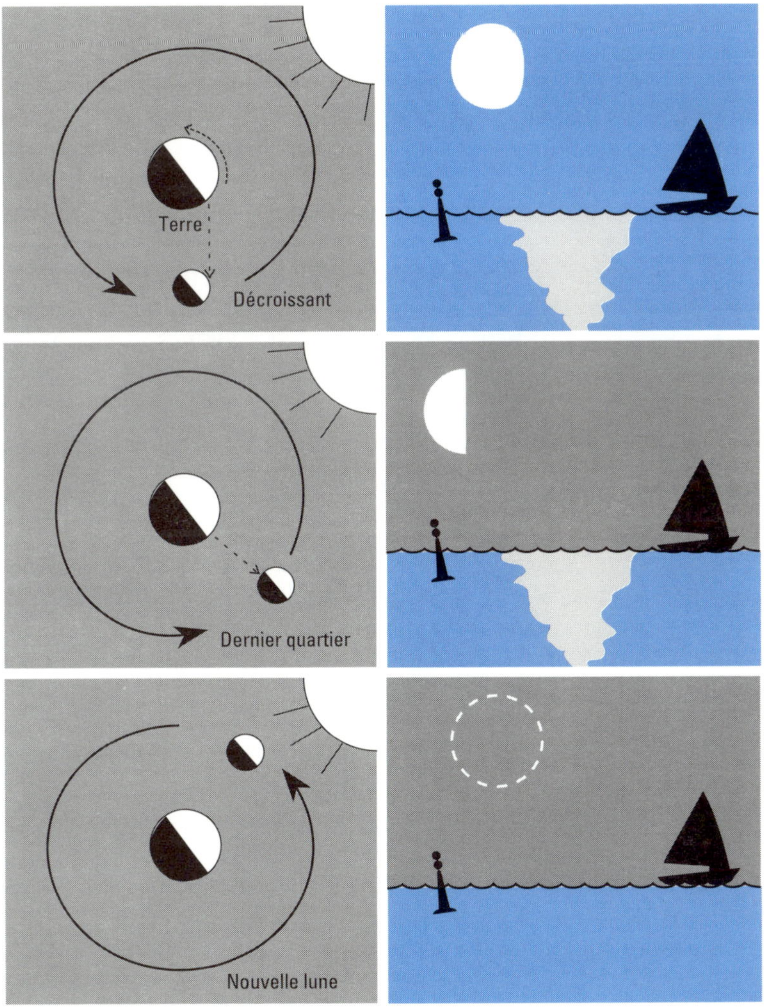

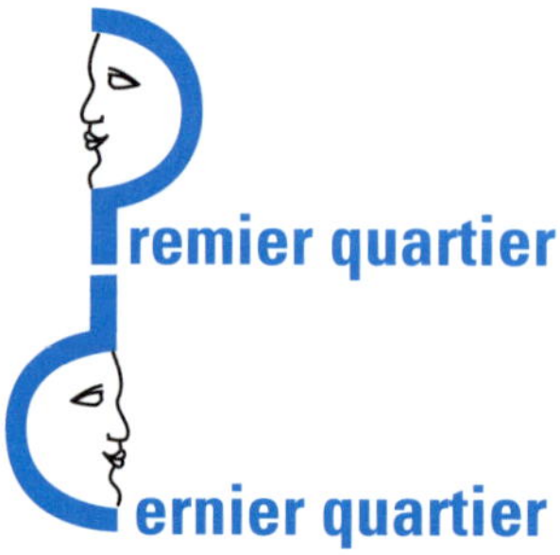

Les moyens mnémotechniques ne manquent pas, mais beaucoup ne sont valables qu'en hémisphère Nord.

roule dans l'autre sens, comme nous, tournant autour de la Terre en presque vingt-huit jours (27 j 7 h 43 mn 12 s) : c'est la période sidérale. L'illusion vient de ce que nous tournons sur nous-mêmes à une vitesse bien plus grande. Mais, chaque jour (lorsqu'elle est visible), nous constatons qu'elle se lève cinquante minutes plus tard que la veille : voilà bien la preuve qu'entre-temps elle a fait du chemin vers l'Est, non ?

La Lune nous présente toujours la même face (des engins spatiaux sont allés voir le côté pile et sont revenus très déçus : c'est pareil). On sait toutefois qu'elle change souvent d'aspect selon sa position par rapport au Soleil qui l'éclaire. Les marins savent généralement tout cela à propos des marées, sur lesquelles elle exerce une influence notable. Pour les navigations qui nous intéressent la Lune est souvent, quand elle est bien pleine, un atout précieux car sa brillance et celle de son reflet dans l'eau rendent l'obscurité moins noire et facilitent grandement la navigation. Contentons-nous d'ajouter qu'on lui prête bien d'autres influences : sur nos façons d'être (avoir un lunatique à bord est une rude épreuve) ; sur le temps (mais ce n'est pas très évident) ; sur les plantes (et là c'est sûr, les jardiniers sont très fermes là-dessus) ; sur les accouchements (vérifier donc si vous aussi vous n'êtes pas venu au monde un jour de changement de Lune) ; et même sur les loups-garous...

Les planètes

Notre système solaire compte neuf planètes qui tournent autour du Soleil : Mercure, Vénus, la Terre, Mars, Jupiter, Saturne, Uranus, Neptune et Pluton. Seules cinq d'entre elles sont visibles à l'œil nu : Mercure, Vénus, Mars, Jupiter et Saturne. Pour les reconnaître il faut savoir :

- que les planètes ne scintillent pas ;
- qu'elles se déplacent sur la sphère céleste (d'où leur nom d'astres errants) ;
- qu'elles restent très proches de la trajectoire du Soleil (l'écliptique), c'est-à-dire à l'intérieur des douze constellations zodiacales.

On distingue également les planètes inférieures, c'est-à-dire celles (Mercure et Vénus) qui sont placées entre le Soleil et la Terre et les planètes supérieures, c'est-à-dire celles (Mars, Jupiter, Saturne, Uranus, Neptune et Pluton) qui sont placées sur des orbites plus grandes que celle de la Terre. Les premières se situent toujours au voisinage du

Soleil et ne sont donc visibles que lorsqu'il se lève et lorsqu'il se couche. Les autres se déplacent lentement parmi les constellations du zodiaque. C'est justement parce qu'elles bougent, qu'elles ne figurent jamais sur les cartes du ciel. Pour savoir où les trouver avec certitude un jour donné il faut se référer aux éphémérides nautiques de l'année en cours (Pour Mars, Jupiter, Saturne et Vénus uniquement).

Mercure

Planète inférieure très proche du Soleil, elle n'est observable (difficilement et seulement à certaines époques de l'année) que peu de temps avant le lever et après le coucher du Soleil. Les meilleures périodes pour tenter de la voir sont le début du printemps (le soir) et l'automne (le matin). Elle ne monte jamais très haut sur l'horizon. Les mauvaises langues prétendent que Copernic soi-même ne la vit jamais !

Vénus

C'est une planète inférieure très brillante. Déesse de l'amour et de la beauté, elle est plus connue sous le nom d'étoile du Berger. Elle apparaît la première dans le ciel souvent bien avant que le Soleil ne soit complètement couché ou, à d'autres périodes, reste la dernière à briller au lever du Soleil. En effet, suivant sa position par rapport au Soleil et à la Terre (élongation Est ou Ouest), elle est étoile du matin ou du soir. Entre les deux, c'est-à-dire lorsqu'elle est en conjonction avec le Soleil, elle demeure invisible (trois ou quatre mois).

Mars

Cette planète qui apparaît rougeâtre n'est pas toujours observable car la distance qui la sépare de la Terre varie considérablement en raison de son orbite excentrique.

Jupiter

C'est la plus grosse des planètes du système solaire et il est relativement facile de la voir dans les ciels d'été. Jupiter possède plusieurs satellites dont les quatre plus gros (Io, Europe, Ganymède et Callisto) sont visibles avec de simples jumelles marines.

Saturne

Avec ses fameux anneaux, Saturne est une vraie vedette. Tout le monde a en mémoire les fameuses images envoyées par la sonde spatiale Voyager 1 le 30 octobre 1980. Ces anneaux sont constitués de particules de poussières et de fragments de glace qui gravitent autour de la planète. Malheureusement il faut disposer d'une lunette déjà puissante (x 20) pour seulement déceler les anneaux. À l'œil nu on n'apercevra que l'éclat terne, souvent qualifié de « plombé », de Saturne.

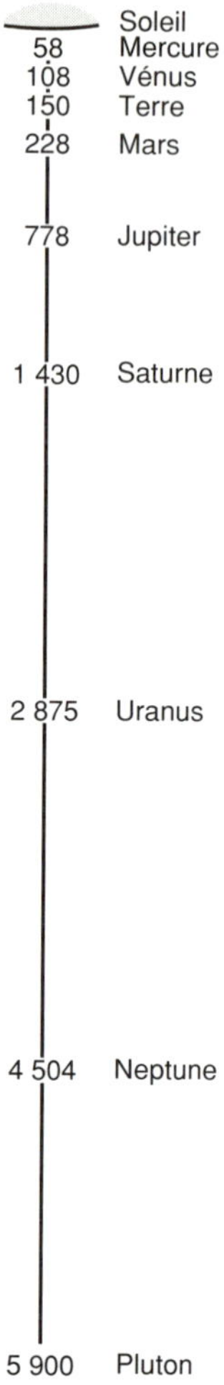

Le système solaire à l'échelle en distance (les tailles des astres ne peuvent être représentées). Distances moyennes en millions de km.

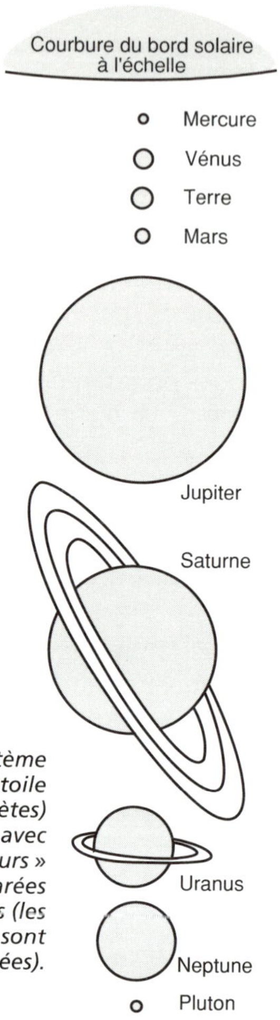

Le système solaire (1 étoile et 9 planètes) représenté avec les « grosseurs » comparées des astres (les distances ne sont pas respectées).

Les étoiles

Les étoiles sont d'immenses boules de gaz essentiellement formées d'hydrogène. Une intense activité de physique nucléaire prend place au cœur de ces boules qui émettent de l'énergie, de la lumière, de la chaleur, de la démesure, du merveilleux et des mythes. Perses, Grecs et Arabes décrivirent les étoiles en les groupant en figures mnémotechniques et mythiques auxquelles ils attribuaient un dieu, une déesse ou une divinité. Ce sont les constellations.

Les étoiles et leurs constellations

L'homme, on le sait, a soif d'images. Nos lointains ancêtres eurent tôt fait d'en trouver dans le ciel, en imaginant à travers les étoiles les plus brillantes, plus ou moins regroupées en constellations, tout un cortège d'êtres et d'animaux fabuleux, dont les noms ont traversé les siècles. Ainsi peut-on admirer encore, au cœur de nos nuits modernes, le géant Orion pourchassant le Taureau, ou les sept bœufs tirant le chariot de la Grande Ourse (en latin *septem triones*, d'où vient le mot « septentrion »). Une attention particulière était portée – et l'est toujours – à cette région de la sphère céleste que parcourt le Soleil au cours de l'année : région qui fut divisée en douze parties égales, prenant chacune le nom de la constellation la plus proche : c'est le zodiaque, ainsi nommé parce que la plupart des constellations portent des noms d'animaux.

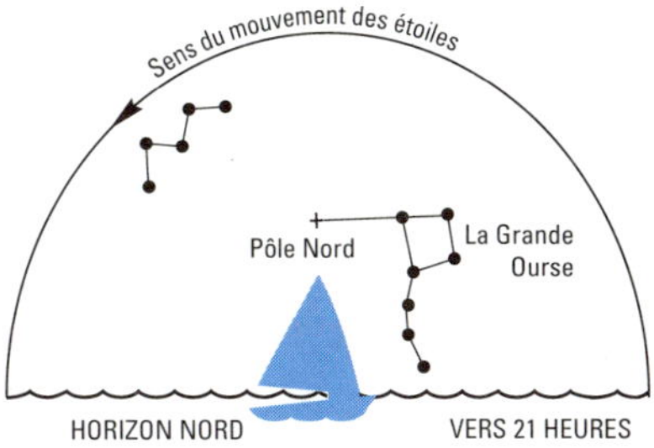

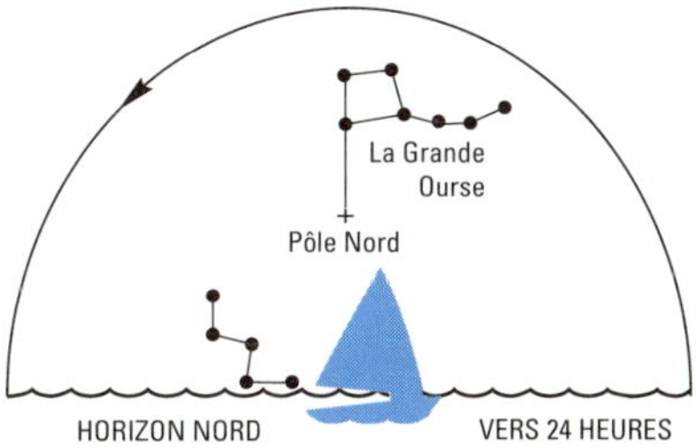

En une année, le Soleil visite donc les différentes parties du zodiaque – ce sont ses « maisons » –, et d'aucuns diront que le destin de chaque homme est étroitement lié à cette affaire. Thème passionnant, mais que l'on est réduit à évoquer en passant depuis que l'esprit de sérieux a établi une barrière infranchissable entre astronomie et astrologie…

Chaque étoile peut être située avec précision sur la sphère, en latitude par sa déclinaison par rapport à l'équateur céleste, en longitude par son ascension verse, c'est-à-dire par l'angle entre le méridien du point vernal et son méridien propre. Ainsi nous pouvons nous situer nous-mêmes par rapport à cette étoile. Outre leur position sur la voûte céleste et leur appartenance à telle ou telle constellation, les étoiles se définissent par ces données essentielles :

■ la magnitude, c'est-à-dire l'importance de leur éclat (l'échelle des magnitudes tient compte de l'ordre dans lequel les étoiles « s'allument »).

Ainsi l'étoile Polaire, dont l'éclat est faible (magnitude 2,1), s'allume plus tard que Sirius, l'étoile la plus brillante, dont la magnitude est 1,6 ;

■ la déclinaison ;

■ l'ascension verse ;

■ l'ascension droite (valeur qui n'est plus utilisée de nos jours par les marins).

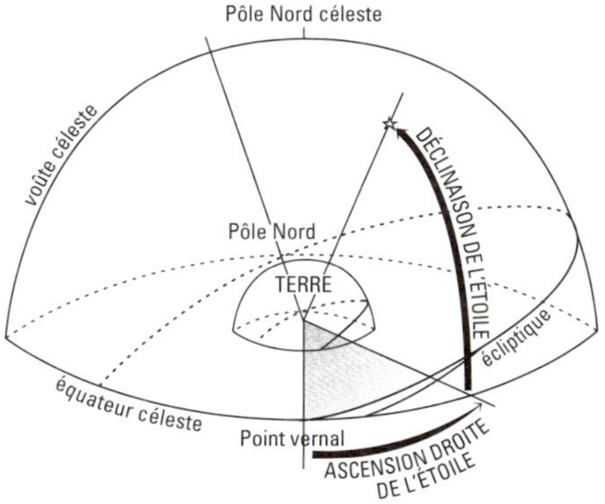

Les étoiles les plus brillantes

Six mille étoiles sont visibles à l'œil nu. Voici la liste des quinze plus brillantes que l'on peut observer à la latitude de la France.

Étoile	Constellation	Magnitude
Polaire	Petite Ourse	2,1
Sirius	Le Grand Chien	1,6
Véga	La Lyre	0,1
Capella	Le Cocher	0,2
Arcturus	Le Bouvier	0,2
Rigel	Orion	0,3
Procyon	Le Petit Chien	0,5
Altaïr	L'Aigle	0,7
Bételgeuse	Orion	0,9
Aldebaran	Le Taureau	1,1
Pollux	Les Gémeaux	1,2
L'Épi	La Vierge	0,9
Antarès	Le Scorpion	1,0
Fomalhaut	Le Poisson austral	1,3
Deneb	Le Cygne	1,25
Regulus	Le Lion	1,3

L'utilisation des cartes du ciel

Les cartes du ciel, Star Finder, Ciel 2000.0 ou équivalent comportent :

- un support de disque sur lequel sont graduées les heures de la nuit ;
- un jeu plus ou moins important de disques représentant soit le ciel à différentes latitudes soit, pour une latitude donnée, certains aspects de l'observation du ciel (ciel des étoiles doubles, des variables...).

Il suffit de choisir le disque correspondant à la latitude de l'observateur et de faire coïncider le mois, le jour et l'heure de l'observation. La partie du ciel observable apparaît alors dans la fenêtre du support avec les quatre points cardinaux. Pendant toute la durée de l'observation il faut continuer à faire tourner le disque pour que les repères de la date et de l'heure restent en face l'un de l'autre.

Capella

C'est une des cinq étoiles les plus brillantes du ciel (magnitude 0,2). Elle est caractéristique des ciels d'hiver dans l'hémisphère Nord et à son point le plus haut début décembre. À mi-chemin entre l'étoile Polaire et Orion, Capella (le Petit Bouc ou la Chèvre) est accompagnée de trois étoiles plus faibles (magnitude 4) : les Chevreaux.

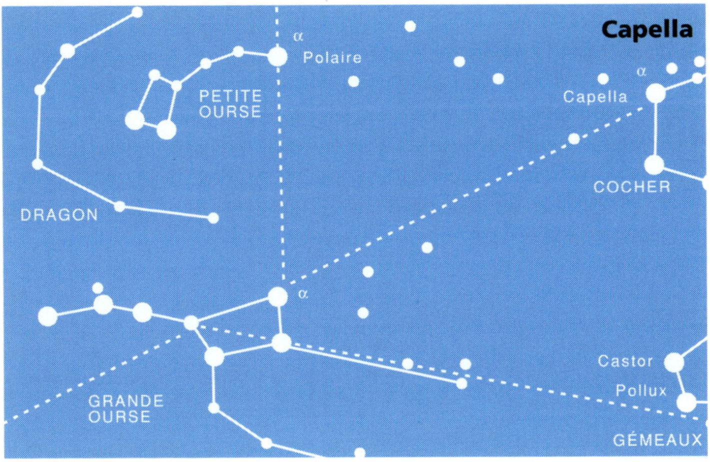

La Grande Ourse

Cette constellation porte ce nom depuis des temps immémoriaux. La Grande Ourse, dit la légende, est en réalité Callisto, une fille du roi d'Arabie dont Jupiter était amoureux et qu'il envoya dans les cieux après l'avoir transformée en ourse pour la protéger des dangers de la vie d'ici-bas. On appelle aussi Grande Ourse le Grand Chariot, en distinguant le rectangle formant le chariot et les trois bœufs qui le tirent. Alioth est la plus brillante des étoiles de cette constellation (magnitude 1,7) et Megrez la moins brillante.

La Petite Ourse

L'étoile Polaire est évidemment la plus intéressante de cette constellation et c'est bien sûr la plus brillante (magnitude 2,1). La position de l'étoile Polaire correspond (à un degré près) à la position du pôle Nord céleste. De ce fait, la Polaire est la seule étoile presque fixe du ciel et toutes les autres semblent tourner autour d'elle. Sa hauteur

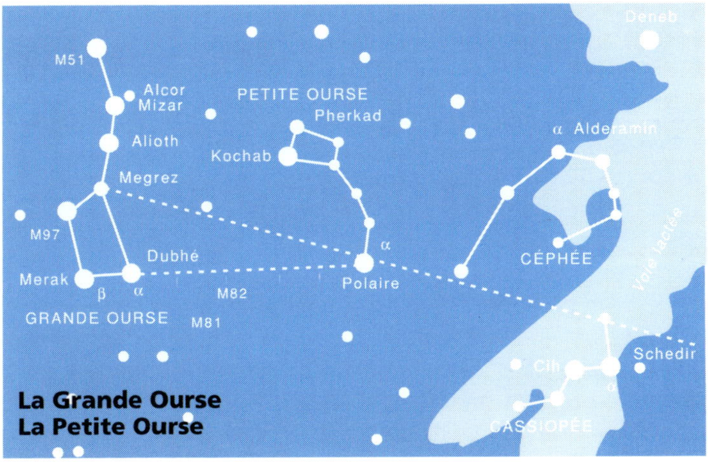

La Grande Ourse
La Petite Ourse

au-dessus de l'horizon correspond approximativement à la latitude du lieu d'où elle est observée.

Ainsi, en naviguant au large des Glénans, la Polaire apparaît à 47° au-dessus de l'horizon, ce qui correspond à la latitude de l'archipel. La Polaire est à 470 années-lumière de la Terre et sa luminosité est 2 000 fois supérieure à celle du Soleil. On trouve la Polaire en prolongeant de cinq longueurs le côté Mérak-Dubhé de la Grande Ourse.

Le Dragon

La constellation du Dragon ondule entre la Grande Ourse et la Petite Ourse ; elle fut en son temps (il y a 5 000 ans) l'étoile Polaire vénérée

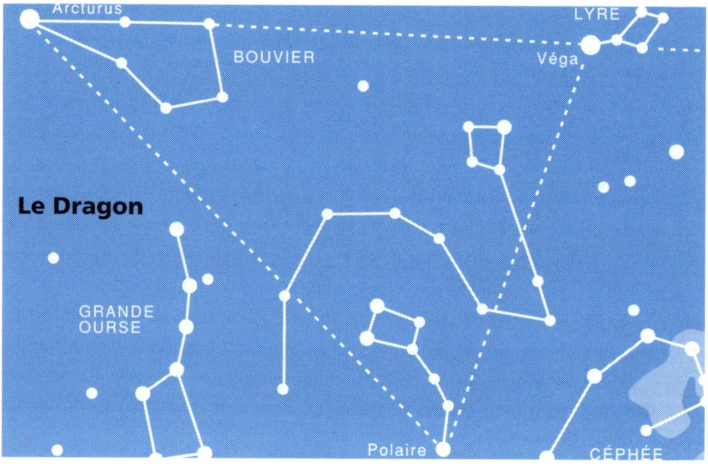

par les Égyptiens. Elle retrouvera son titre et indiquera de nouveau le Nord géographique dans 22 800 ans. (L'axe des pôles décrit en effet un cercle en 25 800 ans et l'étoile Polaire doit céder la place tous les 258 siècles.)

Céphée et Cassiopée

Cassiopée, épouse de Céphée et reine d'Éthiopie, fut condamnée pour ses mœurs légères à se transformer en un groupe d'étoiles qui tourneraient à l'infini autour du pôle. Céphée fut dépêché pour la surveiller. Cassiopée (la Chaise) est symétrique de la Grande Ourse par rapport à l'étoile Polaire et peut aider à la repérer. Jamais lasse de briller, Cassiopée se montra nuit et jour en novembre 1572. L'astronome danois qui l'étudia lui laissa son nom mais l'étoile de Tycho perdit finalement de son éclat, sans doute l'étoile avait-elle explosé. On a donné le nom de Supernovae à ces constellations qui acquièrent tout à coup une brillance inhabituelle. Céphée a aussi sa vedette, Delta, dont l'éclat varie tous les cinq jours, huit heures, quarante minutes et trente-neuf secondes (magnitude de 3,7 à 4,6). On nomme Céphéides les étoiles dont la luminosité varie régulièrement.

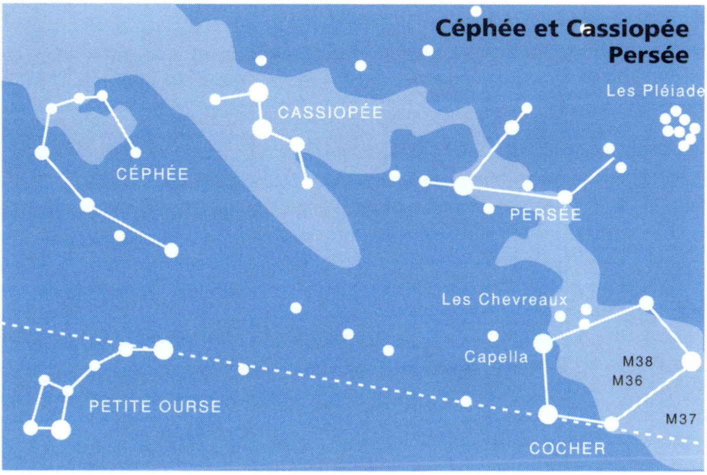

Persée

Dans la légende, Persée finit par épouser Andromède après l'avoir délivrée du monstre marin. Il devint roi de Tirynthe. Dans le ciel il est moins glorieux puisque cette constellation n'a pas d'étoiles remarquables. Elle est située au voisinage du Cocher.

Le Bouvier

C'est grâce à la belle Arcturus que l'on situe facilement la constellation du Bouvier dans l'hémisphère boréal. Cette étoile très brillante (magnitude 0,2) et relativement proche de la Terre (35 années-lumière), a depuis longtemps conquis ses titres de gloire puisqu'elle fait partie des quelques étoiles citées dans la Bible ; elle servit également à inaugurer l'exposition mondiale de Chicago en 1933 par l'intermédiaire d'un certain nombre de relais. C'est pour nous, en avril et aux environs de minuit, qu'elle est le plus haut dans le ciel.

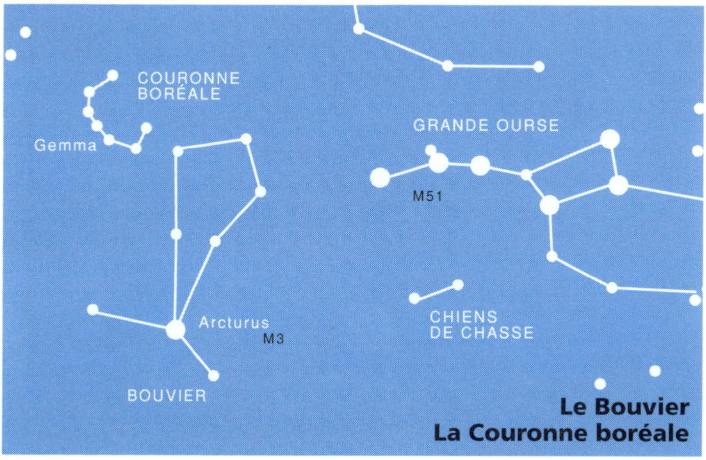

La Couronne boréale

C'est à Bacchus que nous devons cette couronne ; la légende affirme qu'il l'offrit à la belle Ariane pour la consoler des infidélités de Thésée, son époux. Sept étoiles la composent et forment un demi-cercle presque parfait situé juste à côté du Bouvier. Six étoiles sont peu brillantes (magnitude 4) alors que la septième, Gemma, que l'on nomme aussi la « perle » de la Couronne, est nettement plus puissante (magnitude 2).

La Vierge

Très célèbre pour le nombre de galaxies qui la composent, la constellation de la Vierge (*virgo*) est entrée dans la légende : pour les Égyptiens, il s'agit de la déesse Isis ; dans la mythologie on voit en elle Astrée, la déesse de la justice ; pour d'autres encore elle représente la déesse de la moisson : dès qu'elle apparaît, il est temps de semer le grain. La Vierge tient l'Épi dans ses bras ; c'est une très belle étoile blanche que les Égyptiens vénéraient (magnitude de 0,9 à 0,01). Gamma est une étoile double qui fait aussi partie de la constellation ; depuis la Terre, on observe qu'elles s'éclipsent à tour de rôle. En fait, elles tournent autour de leur centre de gravité en 180 ans.

Pégase et Andromède

C'est parce que la beauté d'Andromède causa jalousie et jérémiades au royaume de Neptune que le dieu des océans fit enchaîner la belle à un rocher où un monstre marin devait la dévorer… Et alors ? Alors Persée est arrivé sur Pégase, son cheval ailé, pour sauver Andromède. Voilà pourquoi ces deux constellations sont très proches l'une de l'autre et semblent inséparables, unies par Alpheratz leur étoile commune. Le corps céleste le plus remarquable de ces deux constellations est la grande galaxie d'Andromède (la seule visible à l'œil nu). Ce que l'on sait d'elle donne le vertige : 2 300 000 années-lumière nous en

Pégase et Andromède

séparent ; elle contient 370 milliards de soleils ; l'image qui nous en parvient aujourd'hui date de l'Homo sapiens ! Pégase et Andromède forment une autre Grande Ourse opposée à la vraie et trois fois plus grande ; Andromède est symétrique à la Polaire par rapport à Cassiopée.

Le Lion

Une dizaine d'étoiles dessinent ce lion couché à la crinière dressée. Regulus, la plus remarquable de toutes (magnitude 1,35), fut baptisée ainsi (le petit Roi) par Copernic. Elle représente le cœur du lion.

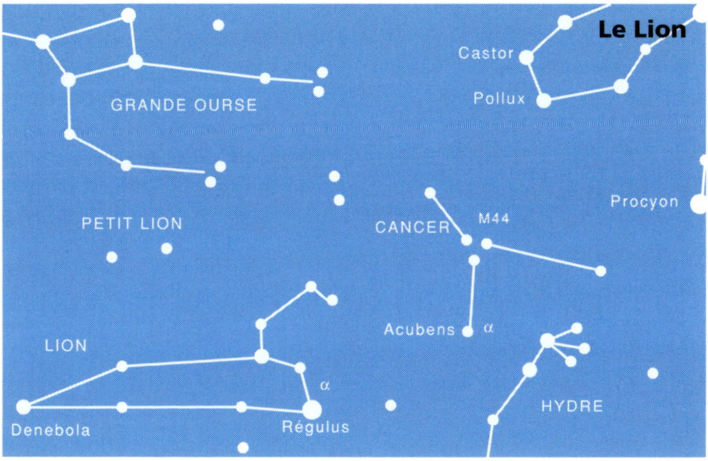

Algieba est située sur la crinière. C'est une étoile double réputée car elle s'observe par nuit claire sans télescope.

À l'extrémité de la queue, Denebola forme un triangle presque parfait avec Arcturus et l'Épi. Au mois de novembre une pluie de météorites file dans l'atmosphère et semble provenir de la constellation du Lion.

Ce sont les Léonides, étoiles filantes qui viennent probablement d'une comète disparue (Temple Tuttle) depuis 1866.

La Baleine et le Poisson austral

C'est encore à l'épopée de Persée que l'on doit le mythe de la Baleine. Pour éviter que cet animal inonde l'Éthiopie, il fallut lui abandonner Andromède elle-même. Menkar, l'étoile la plus brillante de la constellation, n'est qu'à 130 années-lumière ! C'est Mira, dite « l'étoile merveilleuse », qui fait la renommée de la Baleine ; elle est la première étoile variable découverte en 1596, sa période est de 331 jours.

À son maximum (250 fois plus brillante que le Soleil), on l'observe à l'œil nu, à son minimum (moins brillante alors que le Soleil), elle reste invisible.

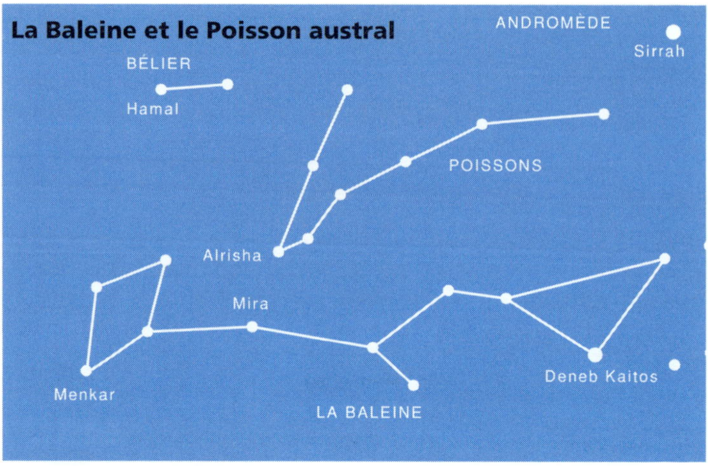

Non loin de là, les Poissons, constellation d'étoiles peu brillantes, constituent le point vernal, c'est-à-dire l'endroit où se situe le Soleil au moment de l'équinoxe de printemps. Le Poisson austral, qui a sauvé des eaux Isis, reine d'Égypte, se distingue grâce à Fomalhaut, très brillante (14 fois plus que le Soleil) et très basse sur l'horizon en automne.

La Lyre

C'est Orphée qui aurait abandonné près du Cygne et de l'Aigle l'instrument avec lequel il implorait le retour d'Eurydice, sa femme, descendue aux Enfers. Parmi les étoiles qui la composent, Véga est l'une des trois plus brillantes du ciel (magnitude 0,04).

Elle forme avec Altaïr et Deneb, bleutées elles aussi, les « Belles de l'été ».

À moins d'avoir une vue exceptionnelle, il est très difficile de distinguer sans instrument Epsilon, une étoile double, dont chaque com-

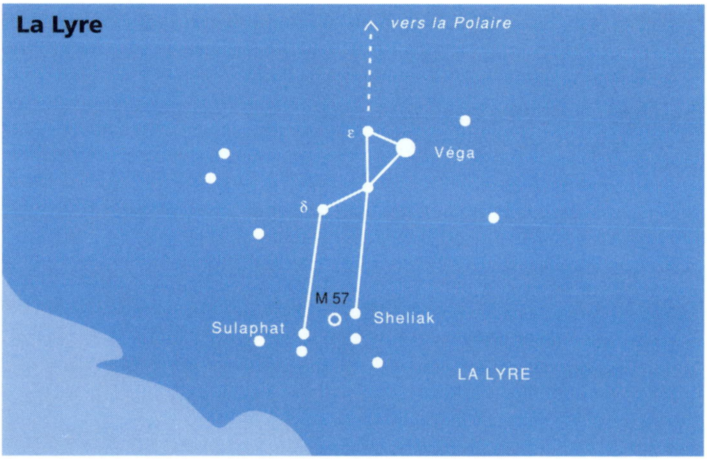

posante se dédouble encore (on l'appelle parfois « la quadruple »). La Lyre est également formée de la nébuleuse M57, seulement visible au télescope.

L'Aigle

Les Anciens ont vu dans cette constellation la forme d'un aigle. Pour les Grecs, il était l'aigle qui transporta les éclairs de Jupiter dans son combat contre les Titans. L'Aigle doit sa notoriété à Altaïr, étoile de première grandeur (magnitude 0,77) qui entre dans sa composition. Elle est accompagnée de deux autres étoiles, Tarazed et Alshain, qui l'encadrent comme deux gendarmes en faction.

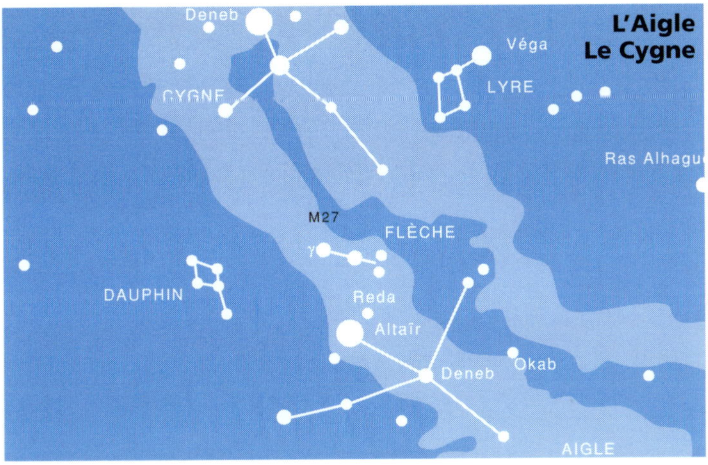

Le Cygne

Située au cœur de la Voie Lactée, cette constellation est l'une des plus caractéristiques du ciel d'été dans l'hémisphère boréal. On la trouve en prolongeant la ligne Phecda-Megrez de la Grande Ourse (environ dix fois la distance).

Elle dessine une grande croix ; Deneb brille (magnitude 1,25) à l'extrémité de l'une des branches ; à l'autre extrémité Albiréo est réputée comme l'une des plus belles étoiles doubles de tout le ciel (magnitude 3 et couleur or) ; l'autre composante est une étoile bleue (magnitude 5,3). Un beau spectacle qui nécessite cependant un petit télescope.

Le Scorpion

Cette constellation fait partie du zodiaque. L'histoire dit qu'il s'agit du scorpion qui piqua Orion pour le punir de son orgueil.

Les deux constellations en question sont restées brouillées puisqu'il est impossible de les voir ensemble dans le ciel.

Constellation de l'hémisphère Sud, il n'est plus possible, au-delà de 42° de latitude Nord, de l'observer en entier. Antarès, l'étoile la

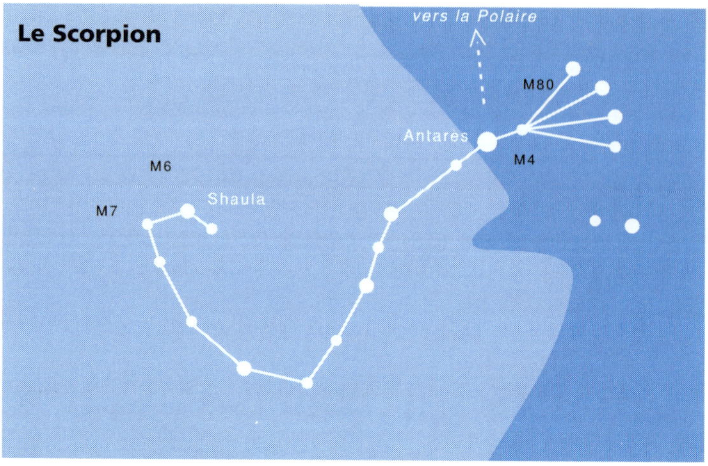

plus importante (magnitude 1,0 et couleur rouge) est 500 fois plus grosse que le Soleil. On la surnomme parfois la « rivale de Mars ».

Orion

Pour punir Orion de s'être proclamé le plus bel homme du monde, les dieux le firent assassiner par un scorpion ; mais la déesse Diane eut pitié et lui fit une place au ciel.

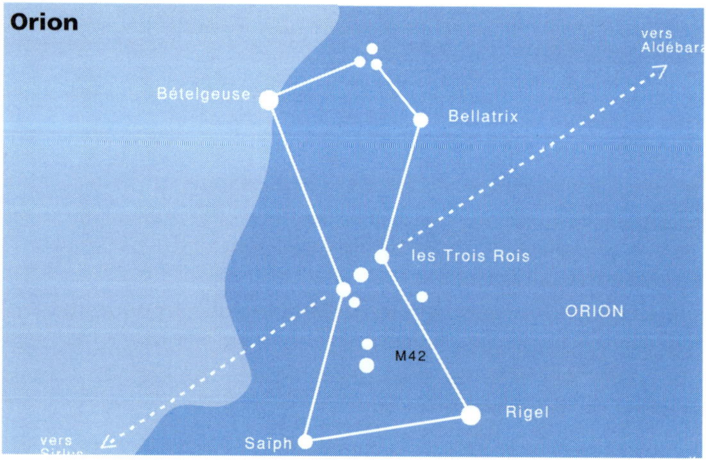

C'est dans la constellation d'Orion que se trouve Rigel, l'étoile la plus lumineuse de notre galaxie (21 000 fois plus brillante que le Soleil).

Entre Rigel et Bételgeuse (son diamètre est 350 fois celui du Soleil), se trouve le « Baudrier d'Orion » (ou les Trois Rois) avec ses trois étoiles parfaitement alignées.

Orion et le Scorpion n'ont jamais pu se réconcilier : quand le Scorpion apparaît au Sud-Est, Orion a déjà fui vers l'Ouest. Orion est plein Sud mi-février vers 21 h et en prolongeant la ligne des Rois, on trouve le Taureau et les Pléiades ; sur la même trajectoire mais de l'autre côté d'Orion, on croise la brillante Sirius.

Le Sagittaire

La constellation du Sagittaire ou de l'Archer, située dans l'hémisphère Sud, est au cœur de la Voie Lactée à un endroit du ciel où les étoiles sont d'une extrême densité. De nombreux astronomes s'accordent à penser que le centre de notre galaxie se trouve dans les parages du Sagittaire.

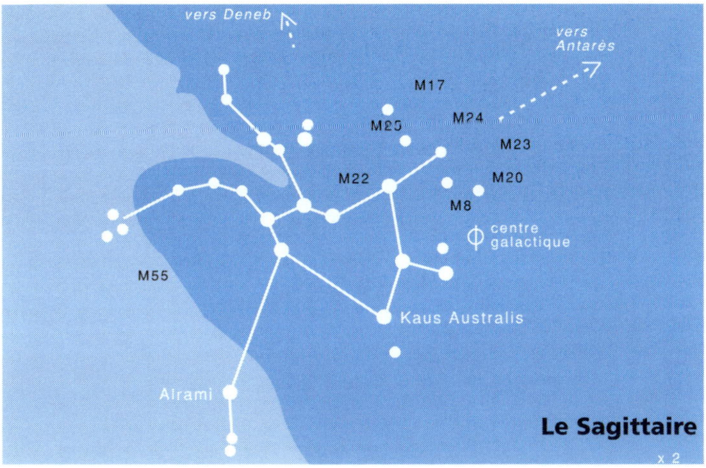

Constellation zodiacale, elle ne comporte pas d'étoiles remarquables mais les amas et les nébuleuses visibles à l'œil nu sont de toute beauté. Les Grecs y voyaient un centaure pointant la flèche de son arc sur le Scorpion.

Le Grand Chien et le Petit Chien

La constellation du Grand Chien abrite Sirius, une des étoiles les plus éclatantes de notre galaxie (magnitude – 1,6 : 27 fois plus brillante que le Soleil). Elle n'apparaît que quelques mois par an dans l'hémisphère Nord.

Pour les Égyptiens, elle annonçait au moment du solstice d'été le retour des grandes chaleurs et des crues du Nil. Sirius est escortée d'un illustre compagnon, le Chiot, que son extraordinaire densité a rendu célèbre (250 000 fois celle de la Terre, 3 cm3 pèsent une tonne !).

Lorsque l'on voit Procyon (en grec « Chien de devant ») se lever à l'Est vers 18 h au mois de janvier, on sait que Sirius va apparaître quelque 30 minutes plus tard un peu plus au Sud. On raconte que les deux chiens appartiennent à Orion, le chasseur, qu'ils suivent d'ailleurs de près dans le défilé des constellations.

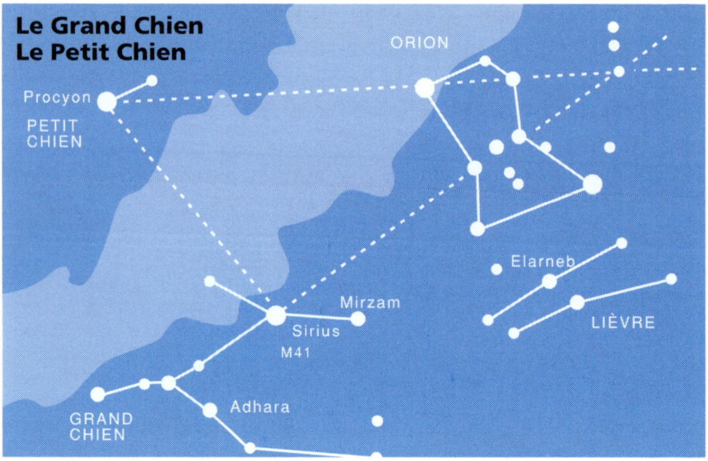

Les Gémeaux (entre la Chèvre et le Petit Chien)
C'est une grande constellation dont les étoiles vedettes sont Castor et Pollux, que les Arabes appelaient les « Paons » et les Hindous les « Dieux jumeaux ». En fait, ces étoiles ne sont pas identiques et c'est

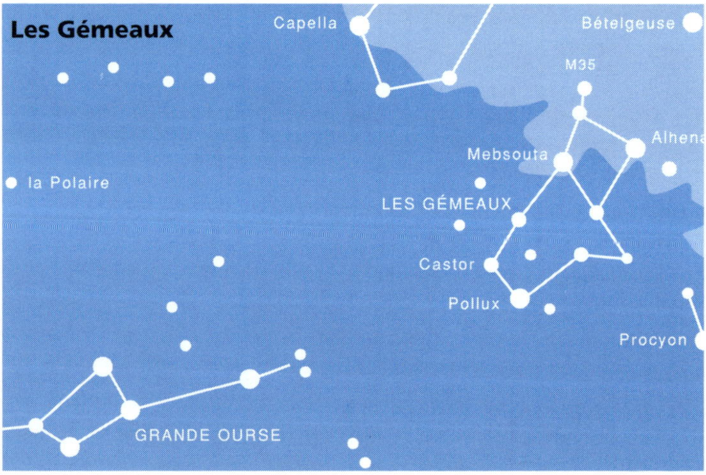

à cause d'un effet de perspective que nous les voyons très proches l'une de l'autre. Castor situé du côté de Capella et que l'on distingue à l'œil nu se compose en réalité d'un groupe de six étoiles, alors que Pollux, plus proche de Procyon, est une étoile géante et très brillante. Un télescope révélera enfin à l'observateur curieux un ensemble d'étoiles parfaitement alignées que l'on a baptisées M35.

Le Taureau
Le taureau ou Aldebaran est une magnifique étoile rouge de magnitude 1 entourée par les Hyades ou « étoiles de pluie ». Un peu plus au Nord, on découvre à l'œil nu un groupe de sept étoiles, les

Pléiades, dont la légende a su s'emparer. On raconte en effet que pour échapper à Orion, les sept filles d'Atlas furent transformées en colombes. Elles semblent se déplacer dans le ciel escortées d'Aldebaran (« celui qui suit ») et des milliers d'étoiles qui les entourent et que révèle un télescope.

Les étoiles filantes

La Terre, dans son mouvement de rotation, est amenée à traverser des traînées de poussières interplanétaires (fragment de roche ou morceau de métal). Ces grains de quelques grammes entrent en contact avec l'atmosphère de la Terre, s'échauffent et brûlent entre 70 et 40 kilomètres d'altitude. Les traces de ces combustions sont observables à l'œil nu. Ce sont les étoiles filantes de nos nuits d'été. Remarquons que la période favorable pour les observer se situe en septembre et qu'elles sont beaucoup plus nombreuses une fois passé minuit.

Les satellites artificiels

Histoire de ne pas prendre des vessies pour des lanternes signalons enfin qu'il y a dans le ciel d'autres objets lumineux qui ne seront jamais inscrits sur les cartes, ni mentionnés dans les éphémérides : ce sont les satellites artificiels de toutes sortes qui tournent autour de la Terre (ils sont, paraît-il, plus de 6 000 !). Ils peuvent paraître immobiles ou bien traverser la voûte céleste d'un horizon à l'autre, du Nord au Sud ou d'Est en Ouest, en un quart d'heure. Eux non plus n'émettent aucune lumière ; ils se contentent de réfléchir celle que le Soleil leur dispense lorsqu'ils ne sont pas dans l'ombre de la Terre.

Conclusion

En abordant ce chapitre nous nous demandions s'il était vraiment nécessaire de rallier le port de notre prochaine escale. Justement, il existe au terme de cette navigation un petit restaurant qui, pour n'être pas un « trois étoiles », n'en est pas moins à la hauteur. Il serait peut-être raisonnable d'aller vérifier d'abord cet autre univers, en même temps que la fraîcheur des huîtres à l'oseille dont parle notre guide touristique. Après tout, les firmaments de la gastronomie ne sont pas mal non plus.

C H A P I T R E

6

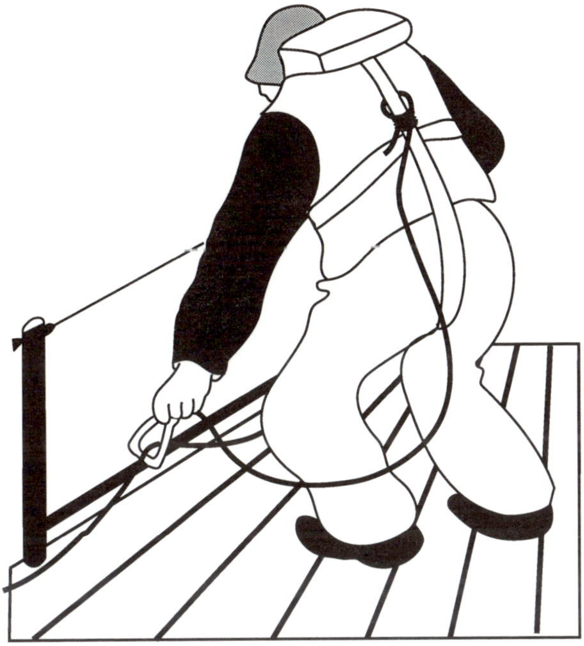

S'équiper pour la nuit

Naviguer la nuit nécessite un équipement particulier. Le bateau est tenu de continuer à évoluer dans l'obscurité, en se signalant pour être vu des autres bateaux et éviter toute collision. L'équipage doit pouvoir manœuvrer sur le pont et vivre à l'intérieur autrement qu'à tâtons. Ce dernier chapitre n'est pas encyclopédique ; il entend simplement proposer les solutions qui s'avèrent pour nous les plus sûres et les plus pratiques à l'usage. Nous évoquerons pour cela les différents systèmes d'éclairage ; ceux qu'impose la réglementation, tels les feux de route, et ceux que dicte le bon sens (en la circonstance très proche du sens de l'économie), tel l'éclairage de la table à cartes, du carré et des cabines. On l'aura vite compris, au-delà du matériel spécifique que requiert la navigation de nuit, et dont l'essentiel tourne autour de l'éclairage, se pose le problème de l'énergie disponible. Un point primordial auquel nous consacrons une large part avant de conclure cette revue de détail.

Reste le matériel de sécurité, individuel ou collectif. Nous attachons une importance toute particulière à ce sujet tant il est vrai que, la nuit, les conséquences d'un accident ou simplement d'un incident peuvent être dramatiques. Si le risque de tomber à la mer de nuit est à peine plus élevé que de jour, les chances d'être récupéré sont en revanche dix fois moindres. La prévention est donc indispensable. Il y a lieu d'être particulièrement vigilant et attentif au bon fonctionnement de tout ce matériel. Nous invitons le lecteur à se reporter, après avoir lu ce qui suit, au chapitre où il est également question de sécurité.

L'armement du bateau

L'armement rassemble des objets très divers qui, s'ils ne font pas nécessairement partie intégrante du bateau, n'en demeurent pas moins nécessaires. Certains, et c'est à ceux-là que nous nous intéresserons ici, concernent plus directement la navigation de nuit.

L'éclairage intérieur

À bord d'un bateau, on peut s'éclairer de deux façons, à l'électricité ou au pétrole.

L'électricité

Si possible, il faut préférer l'éclairage fluorescent ou l'éclairage halogène (on trouve maintenant du matériel assez bien adapté pour la plaisance), qui consomment moins d'électricité que l'éclairage incandescent. Mais il est aussi moins chaleureux. Beaucoup de plaisanciers optent maintenant pour des solutions mixtes avec des points d'éclairage efficaces et puissants que l'on utilise au port lorsque le bateau est raccordé au réseau 220 V du ponton et un réseau économique et minimal qui ne sert qu'en mer, lorsque seules les batteries de servitude fournissent l'énergie du bord.

Il est important que ce second réseau soit conçu en tenant compte des différentes zones du bateau et de leurs fonctions lors des navigations de nuit.

■ Le coin navigation : la table à cartes doit être éclairée de telle sorte que le navigateur ne se fatigue pas les yeux et n'ait pas besoin de chercher dans la pénombre ses documents et ses instruments. Les petites lampes de chevet montées sur un support orientable sont de loin les plus pratiques. Il est recommandé de les équiper d'une lampe ou d'un filtre rouge pour ne pas éblouir les yeux du navigateur (cf. chapitre 1). Leur seul inconvénient est de rendre invisibles, sur les cartes, les larmes magenta des feux. Il est donc utile de disposer en même temps d'une lampe à main à lumière blanche, pour éclairer momentanément un coin de la carte (certaines lampes associées à une loupe sont très commodes). Si l'on s'en tient à l'éclairage blanc, il faut en tout cas s'organiser pour que rien ne puisse être vu par le barreur : ni la source lumineuse ni la carte elle-même.

■ La descente : ce lieu de passage obligatoire où les équipiers enfilent leurs cirés ou leurs vestes avant de prendre leur quart doit être suffisamment éclairé. Sinon il risque de devenir un endroit bruyant où les jurons de ceux qui viennent de rater la dernière marche n'auront d'égal que les fous rires de ceux qui enfilent leur harnais à l'envers. L'éclairage de la cuisine ou de la table à cartes ne suffit pas toujours.

■ La cuisine : très souvent elle est équipée d'un tube fluorescent dont la consommation reste faible. Mais son inconvénient est d'être éblouissant. On évitera de s'en servir trop longtemps en reportant au lendemain la préparation d'un bœuf en daube.

■ Le carré : il ne sert en principe pas beaucoup en navigation de nuit ; les équipiers ne font qu'y passer pour rejoindre leurs couchettes ou leurs cabines. La meilleure solution est d'y maintenir une lampe tempête réglée à son minimum.

■ Les cabines : elles ne nécessitent également qu'un éclairage réduit qui ne sert qu'aux changements de quarts, lorsque les équipiers s'habillent ou se couchent. Il faut éviter de s'endormir avec la lumière et réserver la lecture du dernier Exbrayat ou des œuvres complètes d'Honoré de Balzac pour les escales.

D'une manière générale il est important de sensibiliser l'équipage au problème de l'énergie disponible. Apprendre à chacun qu'à bord la réserve d'énergie n'est pas inépuisable et qu'il faut l'économiser en toutes circonstances.

On peut aussi compléter le système par un éclairage au pétrole.

Le pétrole

Retranchés dans cette hutte qu'est la cabine, à l'abri du vent et de l'eau, beaucoup de plaisanciers découvrent avec émerveillement la qualité de l'éclairage au pétrole. La lampe donne une lumière douce, sensible, et recrée une ambiance bien oubliée. Cela ne sent mauvais que si la mèche est mal mouchée.

Avec un tel support, dont les branches font ressort, la lampe est parfaitement calée. Attention cependant : les vaigrages en plastique de certains bateaux ne font pas bon ménage avec la chaleur dégagée par la flamme.

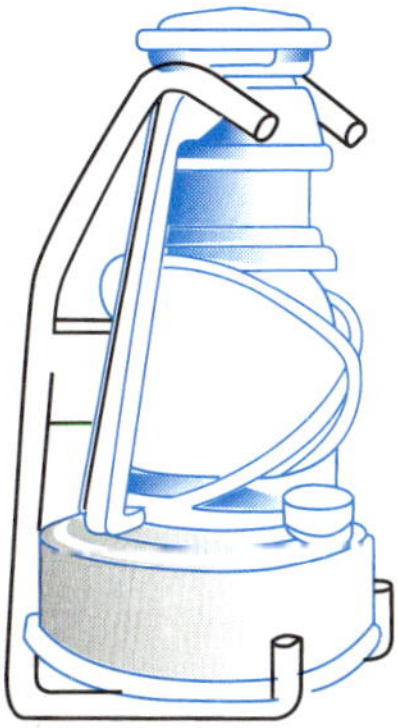

Il existe de jolies lampes à pétrole suspendues à la Cardan, mais on peut aussi se contenter de lampes tempête. Celles-ci doivent avoir des supports sérieux disposés aux bons endroits. Dans les bateaux en plastique, il faut absolument protéger le plafond de la chaleur de la flamme. Le seul matériau qui convienne bien est le contre-plaqué marine, il est suffisamment incombustible et c'est un bon isolant thermique.

Pour éteindre une lampe à pétrole, on souffle dessus ; si l'on baisse trop la mèche elle tombe dans le réservoir (c'est toutefois une façon comme une autre de stocker des mèches de rechange). Même si l'on dispose d'une installation électrique, il faut avoir au moins une lampe tempête à bord, en cas de panne et pour servir de feu de mouillage.

L'éclairage de secours

Quand on n'a pas d'électricité, il faut tout de même disposer d'une (ou deux) lampe fixe alimentée par une batterie de piles (type éclairage de caravane, on en trouve des fluorescentes). C'est pratique lorsque l'on a besoin d'y voir clair rapidement, ou pour chercher les allumettes... Pour les coups durs, il est bon d'embarquer quelques bâtonnets du type « cyalume » qui, par réaction chimique, produisent une lumière fluorescente pendant une heure ou un peu plus.

L'éclairage extérieur

En mer, plus on est modeste, et moins on doit passer inaperçu ; il est tout aussi important d'être vu que de voir. C'est pourquoi tous les moyens permettant de signaler sa présence, de nuit comme de jour, font partie du matériel de sécurité. Les moyens « ordinaires » : feux du bateau, réflecteur radar, qui invitent les autres bateaux à s'écarter si besoin. Les moyens « extraordinaires » : signaux de détresse, qui les invitent au contraire à rappliquer d'urgence.

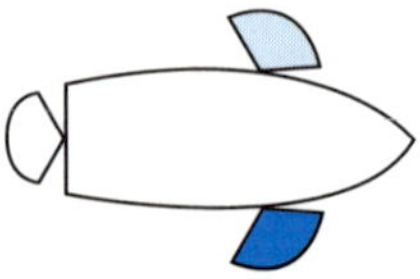

Voilier faisant route à la voile (les trois feux peuvent être combinés si le bateau mesure moins de 20 m).

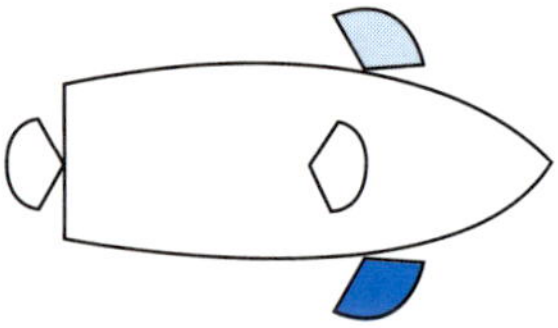

Navire à propulsion mécanique, ou voilier au moteur, de longueur inférieure à 50 m.

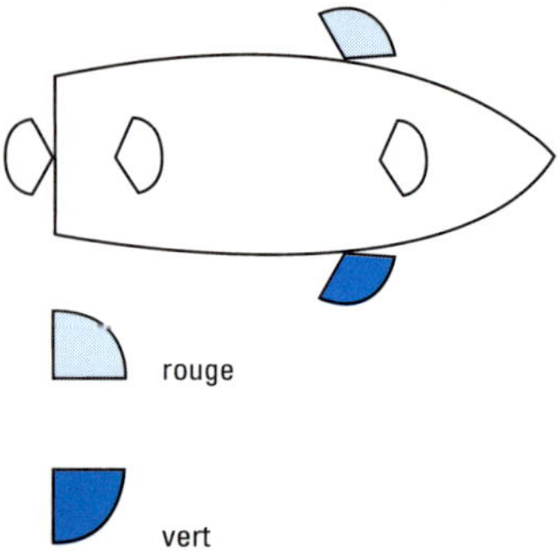

Navire à propulsion mécanique, de longueur supérieure ou égale à 50 m.

Les feux du bateau

Avant d'installer les feux du bord, il est indispensable de se reporter au Règlement pour prévenir les abordages en mer (ouvrages *SH 2A* et *2B* du SHOM) ou au *Guide du navigateur*. La disposition de ces feux (que l'on nomme aussi fanaux) est en effet régie par des règles précises, dont nous ne rappelons ici que l'essentiel (on se reportera au chapitre 3 et aux rabats de couverture pour en savoir plus).

■ Un bateau de plus de 20 mètres, faisant route, doit montrer deux feux de côté (rouge à bâbord, vert à tribord) et un feu blanc de poupe ; ces feux doivent être trois fanaux distincts.

■ Un bateau de moins de 20 mètres doit montrer les mêmes feux, mais ils peuvent être regroupés dans un même fanal placé au sommet ou à la partie supérieure du mât.

■ Un bateau de moins de 7 mètres n'est pas absolument tenu d'être équipé des feux de couleur, mais il doit au moins posséder un feu blanc en tête de mât ou disposer d'un feu mobile à montrer pour signaler sa présence.

■ Un bateau faisant route à la voile et au moteur doit, en plus de ses feux ordinaires, arborer un feu blanc en tête de mât. Dans ce cas, le fanal combinant les trois feux principaux ne peut donc être utilisé.

■ Au mouillage, tout bateau de plus de 7 mètres doit montrer un feu blanc, visible sur tout l'horizon.

■ Les feux de côté doivent avoir chacun un secteur éclairant de dix quarts (soit 112,5°) à partir de l'avant du bateau. Leur portée minimale doit être de 1 mille par visibilité météorologique de 10 milles.

■ Le feu de poupe doit avoir un secteur éclairant de douze quarts (soit 67,5° de chaque bord à partir de l'arrière du bateau) ; sa portée minimale doit être de 2 milles.

■ Le feu de tête de mât, nécessaire si l'on navigue au moteur, doit avoir un secteur éclairant de vingt quarts (soit 112,5° de chaque bord à partir de l'avant), sa portée minimale doit être de 2 milles.

On trouve dans le *SH 2B* des indications sur les hauteurs auxquelles ces différents feux doivent être situés. En fait, sur un voilier, le principal problème est de parvenir à les installer dans des endroits où ils soient bien dégagés de la voilure, quelle que soit l'allure suivie. Il n'y a guère que deux emplacements possibles :

■ le balcon avant (pour les feux de côté), où ils sont effectivement bien dégagés, avec l'inconvénient d'être placés très bas ;

■ la tête de mât, avec l'inconvénient d'être bien hauts lorsqu'il y a une ampoule à changer.

Il faut choisir des feux parfaitement étanches, et surtout suffisamment puissants, ce qui n'est pas toujours aisé avec l'énergie dont on dispose à bord (à moins d'utiliser des ampoules de haut rendement). Comme feu de mouillage, la lampe tempête est idéale.

Ajoutons qu'il est toujours utile d'avoir à bord un projecteur à piles puissant. Il peut permettre, en particulier, de se faire vraiment remarquer d'un autre bateau lorsque les feux ordinaires ne semblent pas suffire, mais il a aussi bien d'autres utilités : il aide à dénicher dans un chenal une bouée peu visible (et de très loin, si cette bouée est couverte de peinture réfléchissante), ou à repérer un homme tombé à la mer (surtout si sa brassière est munie de bandes réfléchissantes, elle aussi).

Le feu de pont

Beaucoup de voiliers sont maintenant équipés d'un feu de pont. Installé sur l'avant du mât (généralement à la hauteur du premier niveau de barres de flèche), il sert à éclairer la plage avant lors des manœuvres de voiles ou de port. Nous lui connaissons trois inconvénients : c'est un gros mangeur d'énergie ; les drisses, tangon ou chute de génois ne font souvent pas bon ménage avec lui (il est indispensable de le protéger derrière une cage) ; enfin il est éblouissant. Il faudra donc apprendre à en faire un usage modéré. On trouve de plus en plus de feux de cockpit (montés en bout de bôme ou sur l'arceau de protection du fût de barre à roue). En dehors des dîners à la belle étoile dans un mouillage de rêve ils n'ont pas d'utilité en navigation.

La boîte « électricité »

Comme il serait sot de vouer une confiance aveugle à tout ce matériel, il paraît prudent de posséder dans l'armement du bateau une petite boîte à malices comprenant : ampoules de rechange (pour tous les types d'éclairage en vigueur à bord), fusibles, fil électrique, piles, douilles, dominos... mais aussi ruban adhésif, petit tournevis, pince à dénuder... Toutes choses qui se révèlent, c'est bien connu, superflues lorsqu'elles sont à bord et indispensables quand elles n'y sont pas.

Les instruments de bord

Le compas de route

L'éclairage du compas doit être net et faible pour ne pas éblouir le barreur. On emploie donc des ampoules sous-voltées, et si possible de couleur rouge. Certains compas, malheureusement très chers, ont un éclairage d'origine correct. En fait, la plupart du temps, l'éclairage d'un compas est du domaine du bricolage. Une solution simple et efficace consiste à souder directement sur l'ampoule un fil que l'on raccorde à l'installation électrique du bord ou à une batterie de piles ; on fixe l'ampoule sur le verre du compas avec de la pâte à modeler, qui sert en même temps d'abat-jour.

Éclairer le compas avec une lampe torche est à déconseiller : les piles ne sont pas toujours amagnétiques (même si elles ont l'air d'être en plastique). L'indication donnée par le compas ainsi éclairé est fausse, elle redevient valable ensuite dans l'obscurité...

Le compas de relèvement à main

C'est un compas ordinaire que l'on peut tenir à la main et qui est équipé d'un prisme permettant de viser horizontalement tout en voyant la rose. Ce genre de compas, malgré sa mobilité, ne doit pas subir de choc : il doit être soit dans son logement, soit dans la main de l'utilisateur, jamais posé « provisoirement » dans un coin, ni porté en sautoir comme une musette. Lorsqu'il est éclairé par piles, il faut choisir des piles amagnétiques. Pour s'assurer qu'elles le sont, on les fait tourner sur le hublot du compas et l'on observe les réactions de la rose. Chaque pile est à vérifier, car toutes les piles d'un même modèle n'ont pas forcément les mêmes caractéristiques magnétiques.

Les répétiteurs de pont

Loch, speedomètre, girouette, sondeur ou anémomètre ont souvent des cadrans répétiteurs sur le pont. Leur éclairage est généralement intégré. Certains modèles peuvent être un peu trop éblouissants d'autant plus qu'ils sont forcément placés bien en vue du barreur. Dans ce cas il faudra prévoir de les déconnecter ou d'adapter un cache amovible.

L'énergie

Disposer d'électricité à bord d'un voilier de croisière est devenu pratiquement indispensable. Mais un bateau n'est pas branché sur le réseau EDF, si bien que la quantité disponible est toujours limitée. Il s'agit donc de gérer intelligemment production, stockage et consommation, pour que cette commodité ne se transforme pas en cauchemar.

Combien d'électricité ?

Pour le savoir, on commence par faire un bilan qui permet d'opérer un choix entre deux paramètres indissociables : le temps que l'on accepte de consacrer à la charge des batteries et les commodités que l'on désire ; avec, en toile de fond, le budget dont on dispose.

Avant de faire un bilan précis, il est bon de connaître quelques règles.

■ Pour un même éclairement, mais pas pour la même ambiance, une lampe à incandescence consomme deux fois plus qu'un tube néon, mais coûte moins cher.

■ Même si l'on fait attention, plus il y a de lampes, plus on consomme.

■ Un appareil de navigation consomme très peu à condition que l'on puisse couper l'éclairage.

■ Un feu de mouillage consomme énormément parce qu'on ne l'éteint jamais au lever du jour.

■ Trois feux de route consomment trois fois plus qu'un feu tricolore en tête de mât, qui de surcroît se voit mieux.

■ Un émetteur-récepteur radio consomme beaucoup, et l'on est souvent tenté de s'en servir.

■ Un groupe d'eau sous pression consomme bien plus qu'une pompe à pied et accroît énormément la consommation d'eau.

À noter : une installation en mauvais état fait doubler, tripler voire quadrupler la consommation.

Quel type d'électricité ?

En grande majorité, on utilise sur les bateaux du courant continu en 12 volts : c'est ce voltage qui est pris en compte pour les explications. Les gros consommateurs préfèrent 24 volts sur les gros bateaux, mais c'est plus cher, tout simplement parce que les appareils eux-mêmes sont plus chers.

Une chose est certaine : on n'a qu'une seule sorte de courant à bord, du 12 ou du 24 volts ; sinon, bonjour les dégâts !

Le stockage de l'électricité

Au centre de l'installation électrique, se trouvent les batteries, qui emmagasinent le courant fourni par le moteur et qui le restituent à la demande pour faire fonctionner les différents appareils. Elles méritent

■

Comment vérifier un circuit

■ Prenez un ohmmètre.
■ Mesurez la résistance du circuit, à partir de l'interrupteur ou du fusible.
■ Puis mesurez la résistance de l'appareil seul (ampoule, Satnav, etc.).
■ La différence entre les deux mesures donne la résistance du circuit. Elle doit être négligeable ; sinon, le circuit est à revoir.

d'être bien choisies, bien installées et bien entretenues. Une batterie est constituée d'éléments dont chacun peut fournir 2 volts ; avec 6 éléments, on obtient une batterie de 12 volts ; avec 12 éléments, une batterie de 24 volts.

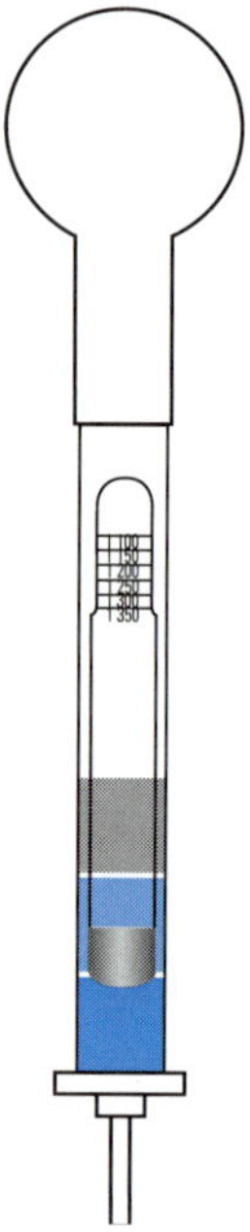

Le pèse-acide.

Quel type de batterie ?

Il existe quatre principaux types de batterie :

1° Les batteries classiques au plomb avec électrolyte liquide à base d'acide sulfurique. Elles se vident si on les renverse. Au cours de la charge, il y a toujours perte d'électrolyte ; on compense cette perte en ajoutant de l'eau déminéralisée pour maintenir le niveau à 1 centimètre au-dessus des plaques (on n'ajoute jamais d'acide). On peut mesurer facilement l'état de charge de la batterie au moyen d'un pèse-acide.

2° Les batteries étanches. Elles sont semblables aux précédentes, mais elles comportent une réserve d'électrolyte suffisante pour toute leur vie.

Cela permet de les rendre étanches : on n'a donc pas besoin de les installer en bac étanche. Seul un voltmètre permet de connaître leur état de charge. Mais leur durée de vie est limitée, surtout en cas de mauvais traitement.

3° Les batteries à électrolyte gélifié. Elles ont les mêmes caractéristiques que les précédentes, certaines ont de très grosses capacités, elles ne dégagent pas d'hydrogène.

4° Les batteries alcalines, au cadmium-nickel par exemple, avec un électrolyte à base de potasse. Elles sont très chères mais supportent sans dommage une décharge complète. Elles sont d'un usage peu courant.

Combien de batteries à bord ?

Pour les petites installations, et tant que l'on peut effectivement lancer le moteur ou le chargeur à la main, une seule batterie suffit.

Si le moteur ne peut pas être normalement lancé à la main, la prudence veut que l'on ait deux batteries bien différentes : l'une avec une bonne aptitude au démarrage, qui ne sert qu'à cela, et l'autre – ou éventuellement plusieurs autres – capable de fournir longtemps du courant de faible intensité.

La première doit être complètement isolée du reste de l'installation, elle doit être toujours chargée à plus de 75 %, ce qui est le minimum pour lancer un diesel à froid. Lorsque l'on a plusieurs batteries, il faut un répartiteur de charge électronique qui se débrouille pour envoyer vers chacune des batteries la quantité de courant qui lui convient.

Entretien

1° Garder les batteries le plus chargées possible.

2° Maintenir le niveau d'électrolyte à au moins 1 centimètre au-dessus des plaques, on complète avec de l'eau déminéralisée, jamais de l'électrolyte.

3° Au moins une fois par an, débrancher les fils pour nettoyer et graisser les bornes (les resserrer énergiquement).

4° Maintenir la batterie propre pour éviter la décharge par les saletés, toujours chargées de sel, qui peuvent s'accumuler dessus.

La production d'électricité

La production d'électricité est presque toujours assurée par un alternateur entraîné par le moteur. Mais certains bateaux ont d'autres moyens, souvent auxiliaires, dont il ne faut pas négliger l'intérêt.

L'alternateur

En langage courant, on dit que la puissance nécessaire est de l'ordre du quart ou du tiers de celle des batteries. Si l'on prend plus, on ne s'en servira que très rarement. Si l'on prend moins, on allonge les temps de charge.

Un alternateur doit être antiparasité si l'on veut pouvoir utiliser les appareils radio (communication et navigation) pendant que le moteur tourne.

Si l'on coupe le débit d'un alternateur en marche, il grille instantanément. Pour prévenir ce type de déboire, il faut que le coupe-circuit soit muni d'une coupure de l'excitation. Cela existe, il faut l'exiger. Certains installateurs ne connaissent pas, il suffit de changer d'installateur.

Si l'alternateur ne tourne pas, il ne charge pas. Une situation plus fréquente qu'on ne le croit : en général, c'est parce que la courroie est détendue.

Si, en appuyant fermement sur la courroie, la flèche dépasse 1 centimètre, il faut retendre. L'entretien est simple, il suffit de le garder sec et de le faire réviser, toutes les cinq cents heures environ, pour vérifier les charbons et graisser les roulements.

Les autres moyens de production

La ligne de quai est une alimentation du bord en 220 volts alternatif à partir du réseau public. Il est naturellement possible d'utiliser ce courant tel quel à bord ; nous le déconseillons, car cela exige une installation onéreuse et des appareils en double.

Par contre, alimenter en 220 volts un chargeur qui recharge et maintient les batteries à bloc est très intéressant. Il faut toutefois bien se rendre compte qu'une installation bricolée est dangereuse, car l'eau de mer, omniprésente, est presque aussi bonne conductrice de l'électricité que le cuivre.

L'installation

Il est important que l'installation électrique soit très bien étudiée ; malheureusement, elle est très souvent bâclée dans les bateaux modernes. Voici une liste des principaux points à maîtriser.

La coupure générale

L'installation doit pouvoir être complètement isolée des batteries par un coupe-circuit général. Réglementairement, il doit être bipolaire, ce n'est pas toujours le cas. Ce n'est gênant que sur les bateaux en alliage léger. Il est commode d'avoir deux circuits, l'un pour la navigation, l'autre pour le confort ; lorsque la batterie baisse, on peut alors couper ce dernier et garder le circuit navigation en état.

Un limitateur de décharge est un auxiliaire très intéressant. Il coupe complètement l'alimentation quand la batterie atteint sa limite de décharge. À ce moment-là on sait qu'il faut recharger…

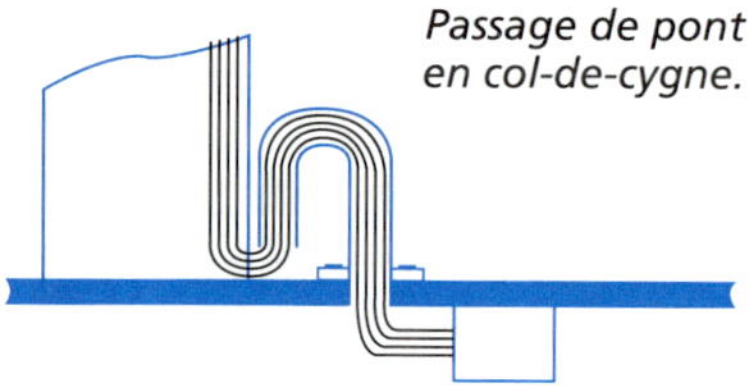

Passage de pont en col-de-cygne.

Les fils

L'installation doit être à deux conducteurs, sauf pour le moteur. Ce point, très important, est obligatoire et presque toujours respecté. On doit ajouter que, sur un bateau métallique, particulièrement en alliage léger, ce n'est pas un luxe de mettre deux conducteurs partout, même sur le moteur, on s'évite bien des surprises galvaniques.

Comme il s'agit de courant continu, il faut que les conducteurs soient différenciés par la couleur sur toute l'installation, parce que nombre d'appareils sont polarisés et ne supportent pas une inversion (appareils de navigation, tubes néon, etc.). Rares sont les constructeurs qui s'en soucient ; même si l'installation présente plusieurs couleurs, il vaut mieux vérifier les polarités.

Une bonne installation, durable et fiable, est : soit en fil souple étamé ; soit en fil rigide (un seul fil par conducteur) avec les bouts des fils étamés (on garde toutefois du fil souple près du moteur, à cause des vibrations). Une telle installation dure vingt ans et davantage. On consomme beaucoup moins d'électricité si la section des fils est généreuse. Jusqu'à 12 m de coque nous conseillons de prendre du fil de 2,5 mm^2.

Les connections

Les bonnes connections sont soudées. Là, pas de résistances parasites. Mais cela n'existe que si le plaisancier effectue lui-même les opérations. On peut aussi se contenter d'étamer le bout des fils ou de souder les cosses plates serties et graisser toutes les connections pour réduire l'oxydation.

Cette opération est très facile à réaliser sur une installation neuve, mais pratiquement impossible dès que les fils sont légèrement oxydés (après un seul hiver).

Le tableau général

La tendance actuelle veut que le tableau général soit mis bien en vue près de la table à cartes. Ce n'est pas forcément la bonne solution. L'expérience prouve que c'est un endroit bien trop humide, il est exposé aux embruns, aux cirés, aux doigt humides... et le dos du tableau est contre la coque.

Bien meilleure solution : appuyer l'arrière du tableau contre la cale moteur ; c'est souvent chauffé, donc plus sec, et l'atmosphère, un peu grasse, contribue grandement à la conservation de tout l'appareillage. Autre bonne solution : au plafond. La façade doit, bien sûr, être entièrement à l'abri du ruissellement. Il peut être utile de couvrir toute la façade d'un plastique transparent scotché sur le haut et les côtés. Ceci évite d'humidifier les boutons avec les doigts mouillés d'eau de mer.

Les appareils

Les fusibles

Chaque appareil doit être protégé pour éviter tout risque d'incendie. Aujourd'hui, la mode est aux disjoncteurs qui servent souvent d'interrupteurs, en même temps ; c'est beau, c'est pratique, c'est intellectuellement satisfaisant, mais c'est bien trop compliqué et fragile pour être mis en atmosphère marine. Un bon fusible à cartouche, comme à la maison, est bien plus fiable et plus facilement dépannable. Si l'on tient à avoir des disjoncteurs, il vaut mieux prendre du matériel bâtiment, qui est bien plus fiable que le matériel plaisance (et souvent moins cher).

Les interrupteurs

Ceux à bascule, les plus simples, même pas étanches mais bien placés au plafond pour que l'eau des doigts n'y pénètre pas, sont les meilleurs. On peut même nettoyer les contacts une fois par an.

Les plafonniers

Les plafonniers à culot baïonnette type voiture sont supérieurs à ceux à lampe navette, dont le serrage est rarement suffisant. Les néons sont de toute façon conseillés.

Les feux de route

Plus ils sont loin de l'eau, mieux ils se portent. Jusqu'à 20 mètres de coque, pas d'hésitation : un tricolore en tête de mât. Pour la marche au moteur, les trois feux (rouge, vert et blanc) le plus haut possible sur le mât : ils ne seront pas masqués par le foc que l'on ne porte pas avec un moteur ; on prévoit en plus un feu de poupe à l'arrière.

Le bilan électrique

C'est une opération que chaque skipper doit faire pour bien réaliser ce qu'il risque chaque fois qu'il ajoute une commodité apparente. Les calculs présentés ici sont théoriques. Ils ont l'avantage de permettre des comparaisons. Ce sont trois exemples tout à fait réalistes pour trois bateaux d'environ 10 mètres réalisant un même programme : douze heures de navigation, dont quatre de nuit, et fin de nuit au mouillage. La batterie fait 80 ampères/heures, et l'alternateur 20 ampères. Seule grosse différence : l'idée que l'on se fait de la croisière.

Premier cas

Le capitaine est économe et s'éclaire au pétrole dans le carré et au mouillage ; il lance son moteur à la main :

	puissance *en watts*	durée	consommation *en watts/heures*
1 feu tricolore en tête de mât	10	4 h	40
1 petit néon de 3 watts à la cuisine	3	2 h	6
1 petit néon de 3 watts à la table à cartes	3	4 h	12
1 éclairage du compas	3	4 h	12
1 appareil de navigation	1,5	12 h	18
son éclairage	3	4 h	12
lampes diverses	5	30 mn	2,5
Total :			102,5

En 12 volts, cela fait 102,5 : 12 = 8,54 ampères/heures.

L'installation a été revue et toutes les connections sont étamées, les pertes sont négligeables. Si l'on charge à 15 ampères en moyenne, il faut 8,54 : 15 = 0,57 heure, soit 34 minutes de moteur pour remplacer l'électricité consommée.

Deuxième cas

Un bon plaisancier, ayant loué un bateau standard naviguant depuis un an :

	puissance	durée	consommation
3 feux de route	30	4 h	120
1 néon cuisine	8	2 h	16
1 néon carré	8	2 h	16
1 lampe table à cartes	5	4 h	20
2 appareils de navigation	2	12 h	24
leur éclairage	3	4 h	12
lampes diverses	5	1 h	5
Total :			213

C'est une installation standard d'un an : il faut ajouter 15 % pour les pertes. Le bilan est donc de 245 watts/heures en 12 volts = 20,4 ampères/heures, auxquelles il faut ajouter 1,5 ampère/heure pour le démarrage du moteur (400 ampères pendant 15 secondes). Pour charger 21,9 ampères/heures à 15 ampères et remplacer l'électricité consommée, il faut 1 heure 46, soit à peu près 3 fois plus longtemps que dans le premier cas. Si l'installation est vieille de 2 ans les pertes atteignent en général 30 à 50 %, ce qui fait passer le temps de charge à 1 h 38 ou 1 h 52.

Troisième cas

Moi, je suis du genre « quand on aime on ne compte pas » :

	puissance	durée	consommation
3 feux de route	30	4 h	120
1 feu de mouillage	10	7 h	70
1 néon cuisine	8	2 h	16
2 néons carré	16	2 h	32
1 lampe table à cartes	5	4 h	20
4 appareils de navigation	4	12 h	48
leur éclairage	5	4 h	20
1 projecteur de pont	40	15 mn	10
lampes diverses	5	2 h	10
1 groupe pression eau douce	40	30 mn	20
1 pompe de cale	40	15 mn	10
1 VHF veille	7	18 h	126
réception	18	75 mn	22,5
émission	60	30 mn	30
1 frigo	60	4 h	240
Total :			794,5

Si c'est une installation standard vieille d'un an, il faut ajouter 15 % pour les pertes, soit 914 watts/heures en 12 volts = 76 ampères/heures, auxquelles on ajoute 1,5 ampère/heure pour le démarrage du moteur. En chargeant à 15 ampères, il faut 5 heures 6 minutes pour remplacer l'électricité consommée, ce qui est difficilement supportable. En doublant la capacité de la batterie et la puissance de l'alternateur, on ramène le temps de charge à 2 heures 53 minutes. On préfère ne pas calculer si le bateau est vieux de 2 ou 3 ans.

Le matériel de sécurité

Le matériel individuel

À bord d'un bateau, chaque équipier doit disposer d'un « engin de sauvetage individuel » homologué. Ces engins portent obligatoirement un numéro d'homologation, précédé des lettres BS (brassière de sécurité) ou ES (engin de sauvetage). En 5e et 6e catégories, on peut utiliser des gilets de sauvetage (GS), qui sont des brassières simplifiées.

Le harnais et la brassière de sécurité

Nous associons sous un même titre le harnais et la brassière parce qu'à notre avis ils sont effectivement indissociables. C'est un fait d'expérience : lorsque l'on porte un harnais on a toujours, à un moment quelconque, une bonne raison pour ne pas être amarré, et c'est alors que l'on passe par-dessus bord. Il faut donc pouvoir flotter. Lorsque l'on porte une brassière, cela signifie en général qu'il y a un risque de tomber à l'eau : il vaut donc mieux être amarré. L'emploi d'une brassière à harnais incorporé est une solution logique, et qui répond bien aux critères que l'on est en droit d'exiger d'un tel matériel : la commodité, la solidité – et l'efficacité, bien entendu.

Commodité

L'équipement doit être facile à enfiler et à porter : le nombre de plaisanciers qui tombent à l'eau sans brassière ni harnais devrait suffire à faire considérer cette qualité comme primordiale.

L'emploi d'une brassière à harnais incorporé simplifie grandement les problèmes d'habillement. Il nous paraît nécessaire, d'autre part, que toutes les brassières d'un même bateau soient de même taille, c'est-à-dire susceptibles de s'adapter, sans réglages compliqués, aussi bien au colosse à trois chandails qu'à la sirène en maillot de bain. Ainsi, lorsqu'il s'agit de s'équiper rapidement, et dans le noir, pour chacun la première brassière venue est toujours la bonne. Il faut ensuite que la brassière ne soit pas encombrante, qu'elle ne gêne pas les mouvements, aussi bien sur le pont que devant la table à cartes. Elle doit être, au même titre que le ciré, un vêtement usuel, que l'on n'hésite pas à porter très souvent. Le fait même d'y être habitué est un atout capital.

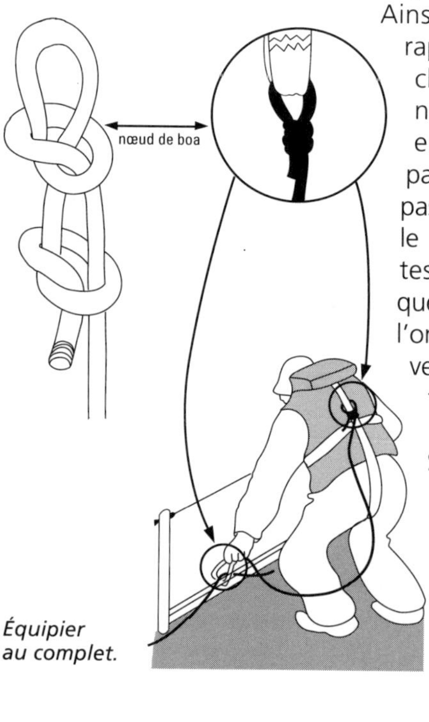

Équipier au complet.

Solidité

Il s'agit ici principalement du harnais (mais la brassière elle-même doit être très solide et capable de supporter sans usure trop rapide une utilisation intensive).

Le harnais doit être conçu comme un harnais de parachutiste et comporter en particulier une sangle d'entre-jambes, pour qu'il ne puisse glisser en aucun cas.

À noter que, si l'on s'obstine à porter une brassière et un harnais séparés, il est important de capeler le harnais d'abord et la brassière par-dessus : en faisant l'inverse, on ne parvient jamais à serrer le harnais correctement et l'on risque toujours de passer au travers.

Le bout ou sauvegarde, qui relie le harnais aux mousquetons, doit être en nylon, tressé de préférence, de 1 à 2 mètres de long, et parfaitement cousu. Le point d'amarrage de ce bout doit, à notre avis, se trouver sur la nuque : l'homme tombé à la mer et traîné par le bateau conserve ainsi la tête hors de l'eau.

Les mousquetons ont une forme bien particulière et doivent être munis d'un anneau disposé (selon les termes de l'arrêté du 6 juin 1972) « de telle façon que la traction se fasse toujours dans la direction déterminant la résistance maximale du mousqueton ». Il faut évidemment les maintenir en parfait état. Éviter les mousquetons en alliage d'aluminium (mousquetons de montagne), qui ne résistent pas à la corrosion en milieu salin ; choisir des mousquetons en inox.

En principe, la présence de deux mousquetons doit permettre de changer de point d'amarrage sans être jamais décroché. À l'usage, il faut bien avouer que le deuxième mousqueton est souvent gênant et que l'on peut préférer le neutraliser pour ne pas l'avoir sans cesse dans les jambes.

Chacun des éléments de cet ensemble (depuis les points de fixation des lignes de vie sur le pont jusqu'aux coutures du harnais lui-même) doit pouvoir résister à une traction de 15 000 N.

De même qu'il est bon de s'habituer au port de la brassière, de même il faut prendre très tôt l'habitude de s'amarrer, et commencer de jour et par beau temps. On s'aperçoit vite, d'ailleurs, que l'amarrage donne, à qui sait s'en servir, un point d'appui fort utile dans la manœuvre et qu'il confère paradoxalement une réelle liberté de mouvement. On se familiarise aussi avec les divers points d'accrochage possibles : non seulement les lignes de vie, mais encore les filières et les balcons (lorsqu'ils sont solides et bien fixés), et même certaines manœuvres courantes (hale-bas, drisses) si elles sont correctement tournées.

Il faut toutefois éviter absolument de s'accrocher :

- sur un hauban, car, si l'on tombe, la tige inférieure du ridoir subit un effort dans le sens transversal pour lequel elle n'est pas prévue et peut casser net ;
- sur un piton, car l'on a constaté que, dans une certaine position, le mousqueton était fort capable de s'en décrocher tout seul ;
- sur l'arceau du fût de compas car lui non plus n'est pas fait pour résister à de telles tractions.

Efficacité

Disposer d'un matériel commode et solide constitue déjà une bonne garantie d'efficacité. Mais il faut évidemment aller plus loin et analyser les qualités que doit avoir une brassière pour soutenir efficacement un équipier tombé à la mer, et qui n'était pas amarré. Ici on peut envisager divers cas, à commencer par les plus fréquents.

Cette ligne de vie en sangle est tendue à plat par une couture (A) qui lâchera en cas de tension brusque, donnant ainsi le mou nécessaire.

■ Un équipier tombe à l'eau, sans être amarré, par mauvaise mer. La brassière doit, en premier lieu, lui assurer un franc-bord important, pour qu'il ne boive pas systématiquement la tasse dans chaque vague. Pour remplir cette condition, il faut que la brassière soit volumineuse (donc encombrante), ou bien qu'elle ne remonte pas le long du corps (donc qu'elle soit munie d'un harnais avec sangle d'entre-jambes, et que celle-ci soit bien serrée).

■ Un équipier tombe à l'eau alors que l'on navigue sous spi. La manœuvre pour le récupérer sera longue et il risque de séjourner un bon moment dans l'eau. Il faut qu'il puisse se reposer et donc que sa brassière le maintienne face à l'air, la nuque protégée, le corps incliné en arrière.

■ Reste un dernier cas, assez hypothétique, mais qui est envisagé par la réglementation actuelle. Lors d'un empannage, un équipier est éjecté par la bôme et tombe à l'eau évanoui ; il faudrait alors que sa brassière puisse le retourner face à l'air.

Or cela n'est possible que si la brassière peut remonter le long du corps : il ne faut donc pas qu'elle soit munie d'une sangle d'entre-jambes... On voit qu'il y a ici un choix à faire. Pour notre part, nous préférons adopter une brassière avec sangle d'entre-jambes, facile à porter, efficace dans la majorité des cas (elle sauve des vies tous les jours), plutôt qu'une brassière assurant ce retournement réglementaire, mais si mal commode par ailleurs que tout le monde tombe à l'eau sans brassière...

Les vêtements flottants

Le problème est complexe. Chacun doit disposer à bord d'un matériel homologué, mais il n'est pas interdit de se sauver avec du matériel non homologué. C'est pourquoi nous conseillons vivement aux gens qui naviguent régulièrement de s'équiper de vêtements flottants qu'ils porteront volontiers et qui les sauveront.

Pour notre part, nous avons créé la veste multifonction Glénans, qui correspond parfaitement à nos préoccupations en matière de sécurité. Ce vêtement remplit sept fonctions, que voici :

■ notre veste est un ciré : elle protège de l'eau ;
■ elle est doublée : elle tient chaud ;
■ elle comporte un harnais : on peut s'amarrer ;
■ elle comporte une flottabilité permanente : on flotte tout de suite suffisamment pour reprendre ses esprits sans être gêné pour nager ;
■ elle comporte un poumon gonflable : on peut flotter plus haut et de façon plus stable pour attendre ;
■ le capuchon est jaune et réflectorisant : on est vu de jour comme de nuit ;
■ elle comporte des poches : on emporte une lampe, un sifflet, une baudruche et, pourquoi pas, un bout de chocolat.

Tout ça est enfilé d'un geste…

La lampe, le sifflet à roulette et la baudruche

Il ne suffit pas qu'un naufragé flotte dans de bonnes conditions : encore faut-il qu'il puisse être repéré.

On doit être persuadé que, dès que le temps n'est plus très calme, un homme tombé à la mer est rapidement perdu de vue, que l'on peut même passer et repasser très près de lui sans le voir, même de jour. La lampe, le sifflet et la baudruche qui doivent accompagner la brassière sont donc des accessoires importants et doivent être choisis avec soin.

La lampe peut être :

■ soit une lampe étanche de très bonne qualité (c'est très rare) ;
■ soit une petite lampe plate, emballée dans un sachet en plastique soudé.

Cette lampe ne doit en aucun cas être utilisée sur le pont la nuit, car elle risque d'éblouir le barreur (les lampes sous sachet en plastique sont de toute façon inutilisables ainsi, car elles éblouissent même l'utilisateur). Tout au plus peut-on, de temps à autre, vérifier dans la cabine qu'elle fonctionne. Mais elle ne doit effectivement servir que si l'on tombe à l'eau.

Au chapitre des moyens de repérage visuels, il faut noter aussi qu'il est bon de munir sa brassière de bandes réfléchissantes, très visibles dans le faisceau d'un projecteur (certains en placent jusque sur leur bonnet, et n'ont pas tort…).

Le sifflet, quant à lui, est extrêmement efficace, en cas de mauvaise visibilité particulièrement, et il est inusable. Tout le problème est d'en trouver un qui ne s'oxyde pas, qui supporte les chocs, dont la bille ne se coince pas, etc. Cela mérite des recherches sérieuses. Il est bon enfin de prévoir pour lui une pochette spéciale sur la brassière : suspendu à un bout, il a tôt fait d'être porté manquant.

La baudruche. Pour être vue de jour, une baudruche de couleur orange, gonflée à la bouche et tenue par un bout de ficelle, même posée sur l'eau, est bien plus visible que n'importe quelle tête de navigateur. Et, vu son prix, on peut même en avoir deux ou trois dans la poche.

Le matériel commun

Bouée de sauvetage, halin, feu flottant

La bouée et son feu n'ont d'utilité que s'ils peuvent être jetés sans délai à un homme tombé par-dessus bord. Le choix du matériel, son installation à bord et son entretien sont très importants ; une erreur peut être fatale à un équipier.

La bouée

La bouée-couronne est parfaite si son diamètre est assez grand pour que l'on puisse se glisser dedans. Mais une telle bouée est très encombrante et l'on ne sait où la ranger à bord. Plutôt qu'une bouée-couronne trop petite, on choisit donc une bouée fer-à-cheval. Cette bouée doit être simplement tenue par des sandows ou placée dans un support adéquat à portée de main du barreur. Elle doit être bien tenue pour ne pas être arrachée par la mer et, en même temps, pouvoir être jetée à l'eau d'un geste.

La bouée doit en outre être munie d'une ancre flottante de telle sorte qu'elle ne dérive pas sous l'action du vent et qu'ainsi le naufragé puisse la rattraper. Une simple toile lestée de 8 décimètres carrés suffit.

Le feu flottant

Les feux utilisés à cet effet sont maintenant tous électriques, ils s'allument par simple retournement.

Il en existe trois sortes :

- les feux fixes qui émettent une lumière continue ;
- les feux clignotants à période plus ou moins rapide ;
- les feux à éclats. C'est une variante des flashes électroniques des appareils photos, les éclats sont très puissants, très brefs et assez espacés.

Nous pensons que seuls les feux fixes sont valables, car il est pratiquement impossible par nuit noire de faire des manœuvres autour d'un feu à éclats, et c'est très difficile autour d'un feu clignotant. De plus, si plusieurs éclats successifs sont masqués par la houle, on peut rester très longtemps sans rien voir. Ces feux peuvent être montés sur des flotteurs plus ou moins hauts. Les petits sont plus maniables, les grands sont plus visibles ; il n'est d'ailleurs pas interdit d'en avoir deux.

D'une manière générale, la fiabilité de ces feux est malheureusement assez médiocre. Les boîtiers sont rarement étanches et les ampoules se dévissent trop souvent.

Deux précautions simples les rendent plus fiables :

1° Assurer l'ampoule avec une goutte de colle de bureau.

2° Améliorer l'étanchéité avec du ruban adhésif d'électricien.

La perche IOR

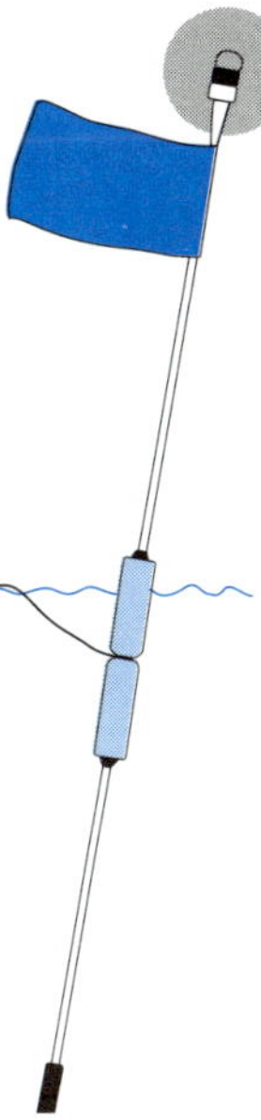

C'est une perche flottante de 2 mètres environ, portant à son extrémité supérieure un pavillon et un feu. Elle est encore très visible à 1 mille.

Cet équipement est à conseiller sur les bateaux d'une certaine taille, qui, à cause de la lenteur des manœuvres, s'éloignent toujours beaucoup d'un homme à la mer. On la range dans un tube horizontal ou à l'envers le long d'un pataras. Le largage doit se faire d'un geste, et la mer ne doit pas pouvoir l'arracher.

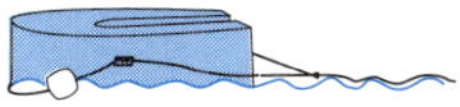

On a vu des grands catamarans la disposer dans un tube-canon : le barreur peut, d'un geste, libérer un ressort qui éjecte la perche instantanément...

Il n'est pas utile que la perche soit reliée à une bouée, car cela retarde la mise à l'eau et balise moins bien le naufragé. Vu son poids et son pied dans l'eau, elle dérive très peu, même sans ancre flottante.

Le halin

C'est un long filin qui sert à haler jusqu'au bateau un homme à la mer. La bonne longueur, c'est 50 à 100 mètres ; le bon diamètre, 5 millimètres. Il doit comporter près du feu une boucle que le naufragé doit utiliser comme une dragonne. Pour pouvoir le lancer à un naufragé que l'on a approché à 10 ou 15 mètres, il faut l'équiper d'un objet lourd, flottant et facile à saisir. Le feu à retournement est parfait, d'où le montage suivant.

Le montage

- Amarrer la bouée à une extrémité du halin, le feu flottant à l'autre.
- Mettre la bouée à sa place.
- Ranger le halin, dans un tube vertical, en tas bien pensé et en débutant par l'extrémité bouée.
- Ranger le feu à l'envers par-dessus le halin.

Il faut bien sûr faire en sorte que le halin ne fasse pas de tours autour du balcon ou d'une manœuvre, et s'en assurer en début de croisière en faisant un essai de largage complet.

B I B L I O G R A P H I E

Astronomie

Chartrand M. R. et H. K. Wimmer H. K., *Guide du ciel pour astronomes amateurs*, Éd. Marcel Broquet.

Dupas A., *La Saga de l'espace*, Gallimard, coll. « Découvertes ».

Kolher P., *Observer les étoiles*, Ouest-France.

Lacroux J. et Berthier D., *Astronomie : mode d'emploi*, Bordas.

Pellequer B., *Petit Guide du ciel*, Seuil, coll. « Points sciences ».

Rey H. A., *Sachez lire les étoiles*, EMOM.

Sizaire P., capitaine de vaisseau, *Le Guide des étoiles*, GEF.

Verdet J.-P., *Le Ciel, ordre et désordre*, Gallimard, coll. « Découvertes ».

—, *Une histoire de l'astronomie*, Seuil, coll. « Points sciences ».

Le Ciel et les Étoiles, collectif, Nathan, coll. « Miniguide tout terrain ».

Le Ciel de vos vacances, collectif, Hachette, coll. « Ciel et Espace ».

Atlas du ciel

Brunier S., *Astronomie du ciel profond*, Dunod.

Dargery Y. et Pellequer B., *Carte ciel 2000.0*, Éd. Observatoire d'Aniane.

Planiciel, Anthéor.

Ouvrages officiels

Bureau des Longitudes, *Éphémérides nautiques*, Gauthier-Villars.

Livre des feux et des signaux de brume, Éd. Service hydrographique et océanographique de la Marine,
Vol. B, *Mer du Nord – Skagerrak*.
Vol. CA, *France (côtes Nord et Ouest) – Angleterre (côte Sud)*.
Vol. CB, *Atlantique : de l'Espagne à l'Afrique du Sud*.
Vol. DC, *Méditerranée occidentale (partie Nord)*.
Vol. DD, *Méditerranée occidentale (partie Sud et Est) – Adriatique*.
Vol. DE, *Méditerranée orientale – Mer Noire*.
La collection complète comporte 14 volumes.

Ouvrages généraux

Dumontier J.-P. et Gast R., *Des phares et des hommes*, EMOM.

Gestin J.-P., *Les Phares d'Ouessant*, Ouest-France.

Guichard J. et Rénier C., *Les Phares*, Éd. du Pen-Duick, Ouest-France.

Hillion D., *Les Sentinelles de la mer*, Ouest-France.

Homet J.-M., *Les Phares de la Corse*, Éd. La Marge.

Le Cunf L., *Feux de mer*, Éd. André Bonne.

Legrand A., *Les Phares et leurs gardiens*, Ouest-France.

Renard L., *Les Phares*, Éd. L'Ancre de marine.

Romans

Abraham J.-P., *Armen*, Éd. Le Tout pour le tout.

Garnier H., *Six Semaines dans un phare*, Éd. Théodore Lefèvre.

Le Bras A., *Le Gardien du feu*, Éd. L'Ancre de marine.

Le Goffic C., « L'Âme des phares », *Sur la côte*, Éd. de Boccard, 1928.

Queffélec H., *Un feu s'allume sur la mer*, Presses de la Cité.

Rachilde, *La Tour d'amour*, Éd. Le Tout pout le tout.

Reboux P., *Le Phare*, Éd. de L'Intermédiaire du bibliophile, 1926.

Toudouze G., *Aux feux tournants des phares*, Éd. Eugène Figuière, 1928.

Verne J., *Le Phare du bout du monde*, Hachette.

Divers

Gregory R. L., *L'Œil et le Cerveau, la psychologie de la vision*, Hachette, coll. « Univers des connaissances ».

Nægelé E. et A., *Les Algues*, PUF, coll. « Que sais-je ? ».

Revues

Revue technique des phares et balises, périodique, Éd. STNMTE.

« Astronomie, tout savoir pour débuter », *Ciel et Espace*, hors série, décembre 1986, Éd. de l'Association française d'astronomie.

« Spécial nuit », collectif, *Voiles et Voiliers*, n° 205, mars 1988.

Rubinstein B., « Voyage chez les gardiens de la nuit », *Neptune-Yachting*, n° 50/51, juillet-août 1988.

Service Minitel

3615 code AFA pour connaître le ciel et les phénomènes du mois à venir.

TABLE

Ce guide comprend quelques extraits du *Cours des Glénans,*
œuvre collective dont les éditions se succèdent depuis 1955.

Ont participé à la rédaction de ce guide :
Jean-Yves Béquignon, Sylvie Bonvalot, Florence Bouffanais,
Frédérique Manin et Jean-Louis Goldschmid.

Photographies
Jean-Louis Guéry (p. 2, 11, 43, 46, 81), 3M (p. 33).
Toutes les autres photographies publiées
dans ce guide sont issues de la photothèque des Glénans
et ont été prises par des membres de l'association.

Dessins humoristiques
Claire Dubret.

Cartographie
Service hydrographique et océanographique de la Marine (SHOM).
Références des extraits des cartes du SHOM : cartes 7031 (p. 64-65).
Cet extrait est reproduit avec l'aimable autorisation du SHOM
et ne doit pas être utilisé pour la navigation.
Les cartes du ciel sont reprises du *Petit Guide du ciel*
de B. Pellequer, paru aux Éditions du Seuil en 1990.

Maquette
Bernard Pierre, assisté d'Agnès Peyrefort.
Réalisation PAO
Équipe Graphisme et Illustrés du Seuil,
assistée de Christophe Garnier.

Directeur de collection
Jean-Louis Guéry.

Achevé d'imprimer par Mame Imprimeurs à Tours.
Dépôt légal : juin 1992. N° 14034 (n° 28197).